Erwin Lebek · ABC des Philosophierens

Erwin Lebek

ABC des Philosophierens

Gondrom

Sonderausgabe für den Gondrom Verlag, Bindlach

Die Verlagsausgabe erschien unter dem Titel
«Erwin Lebek · Philosophieren – was ist das?»
Druck und Bindung: Wiener Verlag, Himberg bei Wien
Printed in Austria
ISBN 3-8112-0480-7

Inhalt

(0) Vorfragen

0,1. «Man kann keine Philosophie, wohl aber philosophieren lernen.» So lautet ein berühmter Ausspruch des großen Immanuel Kant. Philosophieren ist also etwas, was man lernen kann. Aber was ist an dem Philosophieren so Besonderes, daß es sich lohnt, es zu lernen?

Philosophieren hat natürlich etwas mit Philosophie zu tun, wenn es auch nach dem Ausspruch Kants etwas anderes sein soll als Philosophie. Nun, beide beziehen sich irgendwie auf das menschliche Denken. Wenn die Philosophie versucht festzustellen, wie das Denken verlaufen muß, um zu richtigen und zuverlässigen Ergebnissen zu führen, so könnte man das Philosophieren – ganz im Sinne Kants – eine Übung im richtigen Gebrauch des Denkens nennen. Die Philosophie hätte dann den Charakter einer Wissenschaft, die zu sicheren, allgemeingültigen Ergebnissen zu kommen versucht; das Philosophieren müßten wir eher eine Kunst nennen, deren Ziel nicht das Schaffen von Kunstwerken wäre, sondern eine Fähigkeit und Fertigkeit des Denkens, ganz ebenso, wie man es durch systematische körperliche Übung zu körperlichen Fertigkeiten, zu «Künsten», bringen kann.

Daß wir damit auf dem richtigen Wege sind, wird durch einen anderen Ausspruch Kants bestätigt: «Philosophieren läßt sich aber nur durch Übung und selbsteigenen Gebrauch der Vernunft lernen.»

0,2. Wo beginnt nun das Philosophieren, wie verläuft es, wie geht es vor sich?

Wohl jeder Mensch erlebt Augenblicke, in denen ihm – ob er will oder nicht – merkwürdige Fragen durch den Kopf gehen, Fragen, die ihn ratlos machen, weil sie an einen Punkt führen, wo es nicht weitergeht, wo eine zuverlässige Antwort unmöglich zu sein scheint: was ist «die Welt», von der man nicht weiß und nicht wissen kann, ob sie irgendwo eine Grenze hat oder nicht; was ist das Leben, das irgendwie und irgendwann entsteht und mit Sicherheit einmal zu Ende geht; und schließlich: der Mensch mit seinem Denken, Streben und Hoffen – was soll das alles? Was hat das Ganze für einen Sinn? Kurz: wir stellen die Frage nach dem Wesen der Welt und des Geschehens in ihr, nach dem Sinn des Lebens und schließlich die Frage nach uns selbst und unserer Aufgabe in der Welt.

Das sind von alters her Fragen, die das Philosophieren der Menschen in Gang gesetzt haben. Die Griechen sagten, das Sich-Wundern sei der Anfang des Philosophierens. Nun wundert sich der Mensch da, wo er die Ursachen nicht kennt, wo er nicht weiß und doch wissen möchte, wie dieses mit jenem und schließlich wie alles mit allem zusammenhängt; er möchte die Welt und alles, was ist und was geschieht, als eine Einheit, als ein Ganzes, und möglichst von einem Punkte aus begreifen. Natürlich stellen wir uns nicht immer derart «überflüssige» Fragen; für unseren Alltag, für unser Leben in unserer Umwelt und unseren Verkehr mit unseren Mitmenschen kommen wir mit viel einfacheren Einsichten aus, und gewiß nicht alle Menschen stören sich an den Problemen, die dabei auftreten. Wer aber weiterdenkt und weiterfragt, weil er sich bei diesen Unstimmigkeiten des natürlichen Weltbildes nicht beruhigen will, kommt schließlich zu dieser letzten, allgemeinen Frage, was das alles zu bedeuten hat: Er beginnt zu philosophieren.

Für nicht wenige Menschen sind das Augenblicke, in denen sie sich von dem Erhabenen, von der Unendlichkeit dessen, was sie umgibt, überwältigt fühlen und die Unbegreiflichkeit des Ganzen der Welt verehren möchten. Dann bekommt das Philosophieren den Charakter eines religiösen Erlebnisses bei Menschen, die die Fähigkeit und das Bedürfnis haben, sich von dem Verhaftetsein im Irdischen und Alltäglichen zu lösen und zu wissen, daß sie selber ein Teil – wenn auch nur ein winziger Punkt – dieser unfaßbaren Welt sind.

0,3. Angefangen hat das Philosophieren mit der Frage, ob alles, was überhaupt ist, aus einem bestimmten Stoff, aus einem einzigen Stoff besteht, ob die Entwicklung, die ja eine Bewegung ist, einmal angefangen hat oder ob sie vielleicht gar keinen Anfang und dann auch wohl kein Ende hat. Ob dieses so vielgestaltige Leben immer so vielgestaltig war oder ob es sich aus kleinen, einfachsten Teilen und Einheiten zu diesen ungeheuer komplizierten Gebilden entwickelt hat, wie z. B. der Mensch eines ist. Und was die treibende Kraft dazu sein mag, warum das alles so ist und wozu eigentlich. Ob das alles einen höheren Sinn, ob diese Entwicklung ein Ziel hat und was dann sein würde, wenn das Ziel erreicht wäre. Also: was ist überhaupt der Sinn des Lebens, des Lebens in der Natur und des Menschenlebens im besonderen?

Ist nicht eigentlich der Mensch sich selber das größte Rätsel? Und das Rätselhafteste dabei ist doch wohl seine Fähigkeit zu denken, die ihn vom Tier unterscheidet und ihn eigentlich erst zum Menschen macht. Aber wie soll er prüfen können, was sein Denken zu leisten fähig ist, wieweit er sich auf dessen Ergebnisse verlassen kann, wenn ihm doch für diese Prüfung auch wieder nur das Denken zur Verfügung steht? Denn das Denken soll doch vor allem «die Wahrheit» erforschen; und auch hier wieder die Frage, ob dieser Prozeß der Wahrheitsforschung ein endlicher oder ein unendlicher Prozeß ist. Wenn er endlich ist, was wäre dann, wenn die ganze Wahrheit einmal erkannt wäre und nichts mehr bliebe, was noch zu erforschen wäre? Wenn er aber unendlich ist, d.h. wenn die Wahrheit nie erreicht werden kann, welchen Sinn sollte dann überhaupt dieses ganze Streben haben?

Was sind das für merkwürdige Fragen! Haben sie sich die Menschen einmal ausgedacht? Wenn ja, warum eigentlich? Man merkt ihnen doch an, daß sie gar nicht zu beantworten sind.

Wenn ich frage, wieviel 2 + 2 ist, so ist die eindeutige Antwort: 4. Warum begnügt sich der Mensch nicht mit solchen Fragen, die klipp und klar beantwortet werden können und dann erledigt, d.h. nicht mehr «fraglich» sind? Nun, es ist eben nicht so, daß der Mensch diese Fragen erfunden und sich damit unnötige Schwierigkeiten gemacht hat; wir müssen vielmehr sagen, daß sich das menschliche Denken, die Vernunft, allmählich dahin entwickelt hat, daß sich solche Fragen von selber stellen, der Mensch also gezwungen ist, in dieser Unruhe zu leben und immer weiterzufragen, und das heißt, zu philosophieren.

0,4. Oder gehört etwa das menschliche Denken einer ganz anderen Welt an, einem «Reich des Geistes» oder einer «Weltvernunft», von der die menschliche Vernunft nur ein winziger Teil, ein Schatten ist? Viele Philosophen haben das Verhältnis von Körper und Seele, von Materie und Geist so gesehen und sehen es noch heute so. Seele und Geist sind dann gewissermaßen Ausstrahlungen aus einer göttlichen Welt, und so hat der Mensch als einziges Lebewesen durch seine Seele, seine Vernunft einen wenn auch geringen Anteil an dieser erhabenen Welt des Geistes. Man hat deshalb gesagt, der Mensch sei «Bürger zweier Welten».

Wenn nun aber diese beiden Welten so total verschieden sind, wie wir glauben sollen, wie ist es dann überhaupt möglich, daß sie aufeinander wirken können? Ein alltäglicher Vorgang, der uns wohl vertraut und doch rätselhaft ist, kann uns das Problem verdeutlichen: Wie entsteht ein neues Menschenwesen? Sind hier Seele und Geist am Werke, wenn die Materie in ihren kleinsten Teilen sich gerade so gruppiert, so ordnet, sich zu einer solchen Gestalt formt, daß wiederum ein mit Seele begabter menschlicher Körper entsteht? Und wenn auch die Naturwissenschaft diesen Vorgang weitgehend erforscht hat und beschreiben kann, so weiß sie doch nur, *daß* alles so vor sich geht, kann aber nicht sagen, warum das so ist und immer wieder so sein muß, und ob dieses ungeheuer vielgestaltige Geschehen einen Sinn hat und welchen.

Auch die Philosophie weiß keinen Rat; sie kann das Problem nicht lösen. Aber vielleicht kann sie versuchen, eine Antwort auf die Frage zu geben, warum hier ein unlösbares Problem vorliegt.

Eine solche Antwort wäre etwa die folgende: Für die Lösung von Welträtseln reichen die im Menschen entwickelten, ihm zur Verfügung stehenden Denkformen nicht aus. Denn wenn die Vernunft feststellen muß, daß ihr Weltbild so nicht stimmen kann, wie es erscheint, so beweist das doch nur, daß die Vernunft eben mit ihren Mitteln nicht fähig ist, ein widerspruchfreies Weltbild zu gewinnen. Dazu kommt noch, daß die Vernunft – soviel wir wissen – ein Erzeugnis des Weltgeschehens selber und dazu ein sehr spätes und – vielleicht – einmaliges Erzeugnis ist.

Als Ergebnis dieser Betrachtung können wir feststellen, daß wir von der Welt und dem Geschehen in ihr nur so weit ein Wissen haben können, wie die Kraft und die Möglichkeiten unserer Sinneswerkzeuge und unseres Denkens reichen.

0,5. Das bedeutet nun nichts anderes, als daß das Philosophieren sich selber in Frage stellen muß, da das Denken niemals absolut «rein» ist, sondern in Gang gesetzt und gesteuert wird von dem *ganzen* Menschen, von seinen Gefühlen, seinem Gestimmtsein, überhaupt von seiner körperlich-seelischen Gesamtverfassung und nicht zuletzt von seinem Willen, seinem Wissensdrang. Wie aber alle diese Faktoren zusammenwirken, wie sie den Verlauf und die Ergebnisse des Denkens beeinflussen und oft verfälschen, ist so schwer zu durchschauen, daß man allein schon aus diesem Grunde mit Recht gesagt hat, Philosophie sei viel zu schwer, als daß sie von Laien betrieben werden könne. Sie sei ein wissenschaftliches Fachgebiet und gehöre auf die Universität.

Müssen wir Laien deshalb aufhören zu philosophieren? Nun, eine einfache Überlegung zeigt uns, daß diese Folgerung falsch wäre. Die mathematische Forschung, wie sie sich allein in unserem Jahrhundert entwickelt hat, ist von der Art und Schwierigkeit, daß ein langes Studium nötig ist, bis man wirklich in die Welt der Mathematik eingedrungen ist. Trotzdem würde niemand auf den Gedanken kommen, die elementare Mathematik, wie sie in der Grundschule betrieben wird, aus dem Lehrplan zu streichen. Auch «die Philosophie» müßte in einem elementaren Nachdenken über Welt und Leben, über das Zusammenleben der Menschen ihre Vorstufe haben.

Wenn also schon eine elementare Mathematik in der Jugendbildung für unentbehrlich gehalten wird, so wäre eine Einführung in ein elementares Philosophieren noch viel wichtiger: der einfache Umgang mit Zahlen ist völlig unproblematisch; denn jedes Rechenergebnis ist immer entweder richtig oder falsch. Das elementare Philosophieren dagegen hat es mit *Begriffen* zu tun, die an die *Sprache* gebunden sind. Da diese aber bei weitem nicht so eindeutig sind wie die Zahlen der Mathematik, liegt in allem begrifflichen Denken und dem dazugehörigen sprachlichen Ausdruck die Gefahr der Unklarheit, der Mehrdeutigkeit und damit die Gefahr von Mißverständnissen schon im täglichen Verkehr der Menschen untereinander. Diese Gefahren kennenzulernen und durch Übung im richtigen Gebrauch der Sprache zu vermeiden, wäre vielleicht die wichtigste Aufgabe eines elementaren Philosophierens. (Wir werden uns im folgenden mit dieser Problematik sehr eingehend beschäftigen müssen.)

0,6. Da stellt sich uns schon die Frage, wie man mit dem Philosophieren beginnen sollte. Jeder Lernende macht Fehler. Also müssen wir annehmen, daß auch derjenige, der philosophieren lernen will, sich vor Fehlern hüten muß.

Einer der häufigsten Fehler dürfte der sein, daß man mit der Lektüre eines «großen Philosophen» beginnt, weil man meint, so könnte man am schnellsten der tiefen Einsichten und der höchsten Werte der Philosophie habhaft werden.

Wieso ist das falsch? Die «großen» Philosophen schreiben ja nicht für Anfänger; sie setzen vielmehr voraus, daß man mit den Lösungsversuchen, die von Denkern früherer Zeit unternommen wurden, vertraut und damit fähig ist, ihren schwierigen Gedankengängen und Beweisen überhaupt zu folgen. Außerdem verwenden sie für ihre Darlegungen eine Fachsprache, die bei vielen von ihnen so schwierig und eigenwillig ist, daß ein Laie oft überhaupt nicht verstehen kann, wovon der Autor redet. Es kommt also nicht darauf an, etwas nachzulesen, was andere geschrieben haben, sondern auf das «selbsteigene» Nachdenken; wir sollten (wie es ein französischer Philosoph witzig formuliert hat) «lieber mit unserem eigenen Kopf als mit einem fremden denken».

Wer mit dem Philosophieren beginnt, ist also in der Gefahr, daß er sich von den großen Gedanken und den großen Worten einer bestimmten philosophischen Lehre gefangen nehmen läßt und fortan nur noch von diesem Philosophen gewissermaßen an die Hand genommen wird und auf dessen Worte schwört.

Aber ebenso wenig sollte man sich auf eine einmal gewonnene eigene Überzeugung für immer versteifen; auch sie muß immer wieder kritisch durchdacht werden, und es ist gewiß keine Schande, wenn man nach kürzerer oder längerer Zeit sein Bild von der Welt oder seine Einstellung zum Leben ändern muß, weil man einsieht, daß das alles so, wie man es bisher gedacht hat, nicht stimmen kann und vielleicht durch neue wissenschaftliche Erkenntnisse oder durch eigene Einsichten ungültig geworden ist. Denn es kann ja gewiß keinem Menschen gegeben sein, auch für sich selber ein end-gültiges Welt- und Lebensbild zu gewinnen, das er vor sich selber und in jedem Gespräch mit anderen für immer vertreten und verteidigen könnte.

Auch das müssen wir bedenken: wir können ja immer nur von *unserem* Standpunkt aus philosophieren. Auch wenn wir versuchen, bei philosophischen Fragen von uns selber abzusehen, so bleiben wir doch immer als die Fragenden im Mittelpunkt des Ganzen, nach dem wir fragen. Auch bleiben wir ja immer an die Denkformen und Denkweisen unseres Kulturkreises und unseres Zeitalters gebunden.

0,7. Hier stehen wir als Philosophierende vor einer großen Schwierigkeit. Da unser Denken – wie wir sagten – dadurch in Bewegung gesetzt wird, daß wir uns vor Welträtsel gestellt sehen, müssen wir ja zuerst eine genaue Kenntnis davon haben, was durch die Arbeit der Wissenschaft *aufgehört* hat, rätselhaft zu sein. Wenn es z.B. einmal rätselhaft war, daß der Mensch als Geschöpf Gottes eine so große Ähnlichkeit mit dem Tier – mit bestimmten Tieren – hat, so ist durch die Entdeckung Darwins dieses Rätsel gelöst.

Nun ist es natürlich unmöglich, den Umfang der wissenschaftlichen Erkenntnisse, der sich Tag für Tag vergrößert, zu überschauen. Vielleicht philosophieren wir also oft in einer Richtung und unter

Voraussetzungen, die ganz falsch sind. Daraus ergibt sich für uns die Forderung, daß, wenn wir schon die Wissenschaften nicht *überschauen* können, wir sie doch nicht *übersehen* dürfen; wir würden uns sonst lächerlich machen.

Oft wird es aber so sein, daß die Wissenschaften zwar noch keine gesicherten Erkenntnisse gefunden haben, aber doch in einer Reihe von Theorien Lösungsversuche anbieten. Der Philosophierende müßte dann versuchen, diese Theorien kennen zu lernen und mit seinen bisherigen Einsichten in Einklang zu bringen. So kann er die Wissenschaften in sein Philosophieren mit einbeziehen und mit dem Bewußtsein größerer Sicherheit an dem «selbsteigenen Gebrauch der Vernunft» gesteigerte Freude gewinnen.

Ein Beispiel: Wenn es sich um die Frage handelt, wie der Mensch dazu gekommen ist, zwischen gut und böse zu unterscheiden, eine Verantwortung für das, was er tut, zu empfinden, eine Pflicht anzuerkennen oder (wie man in der Philosophie sagt) ein Normbewußtsein zu entwickeln, so sind darüber mindestens drei Theorien möglich.

Die Biologie stellt schon im Tierreich so etwas wie ein Normverhalten fest, das sich dann im Menschen weiter entwickelt und deutlicher ausgeprägt hätte. Nach einer anderen Theorie hat sich dieses Bewußtsein erst dann entwickelt, als sich eine Ordnung für das Zusammenleben der Menschen und die Notwendigkeit einer Unterscheidung von erwünschtem und unerwünschtem Verhalten herausgebildet hatte. Die weiteste Verbreitung hat aber die Theorie, die von der Religion getragen wird: Der Mensch ist von Gott so geschaffen, daß er die Möglichkeit und die Freiheit hat, sich entweder für das Gute oder für das Böse zu entscheiden. Das Gute ist dann das, was dem Willen Gottes entspricht, das Böse der absolute Gegensatz dazu.

0,8. Aus diesem Beispiel können wir eine weitere Einsicht ableiten: Das menschliche Denken hat die gefährliche Tendenz, von vornherein zu glauben, daß das, was sich in ihm als ein einheitlicher Gedanke vorfindet, in der Wirklichkeit als ein ebenso eindeutiges Gebilde existieren müsse.

In unserem Beispiel: Der Biologe ist fest davon überzeugt, daß das menschliche Vermögen, zwischen gut und böse zu unterscheiden, seinen Ursprung in der Tierreihe hat und daß nur diese Deutung richtig sei. Der Soziologe bestreitet das und will ausschließlich seine eigene Deutung gelten lassen.

Denken wir aber darüber in Ruhe nach, so können wir durchaus zu dem Ergebnis kommen, daß beide Deutungen miteinander vereinbar sind, daß nämlich zwar schon im Tier gewisse Tendenzen zu einem Normverhalten zu beobachten sind, diese aber beim Menschen sozusagen einen anderen Akzent bekamen und in seinem Bewußtsein deutlicher und schärfer ausgebildet wurden.

Sogar die theologische Deutung brauchte nicht in einem absoluten Gegensatz dazu zu stehen: wenn man das gesamte Weltgeschehen und seine Ordnung als das Werk Gottes ansieht, so würde eben auch der Gegensatz zwischen gut und böse, wie er in der menschlichen Vernunft zum Bewußtsein kommt, im Schöpfungsplan angelegt sein.

(Es versteht sich wohl von selbst, daß dieses Beispiel eine bloße Annahme ist und nichts gegen die genannten Wissenschaften oder gar gegen einen ihrer Vertreter sagen will.)

Aus diesen Überlegungen ergibt sich also, daß das menschliche Denken in dem Bestreben, klare und eindeutige Erkenntnisse zu gewinnen, dazu neigt, sich einseitige Erklärungsgründe zurechtzulegen, die dann zu anderen Erklärungen einen mehr oder weniger schroffen Gegensatz bilden.

Das philosophische Problem, auf das wir auf diesem Wege gestoßen sind, können wir etwa so formulieren: Wie verhält sich das, was sich im menschlichen Geist als Denken, als Gedanke vorfindet, zu dem, was außerhalb des Denkens, in der Wirklichkeit da ist? In der kürzesten, philosophisch gefaßten Form lautet das Problem: Wie verhält sich das Denken zum Sein?

0,9. Mit dieser Frage begeben wir uns auf ein anscheinend hoffnungsloses Gebiet des Philosophierens. Schon die beiden Begriffe, die in dieser Frage zusammengefaßt sind, sind jeder für sich problematisch! Wir wissen, daß wir denken; wir wissen auch, was wir denken. Aber *wie* wir denken, wie unser Denken zustande kommt und welche Rolle dabei die «Außenwelt» spielt, ist uns weitgehend verborgen.

Ganz hoffnungslos scheint die Frage nach dem zweiten Begriff zu sein: Was ist «das Sein»? Mit Sicherheit läßt sich nur feststellen, daß es ein Begriff ist, der sich in unserem Denken vorfindet. Was ist das Sein aber «an sich», unabhängig davon, daß es von uns gedacht wird? Ist es überhaupt «etwas», oder ist es nur eine von unserem Denken geschaffene Idee, mit der das bezeichnet werden soll, was dem Denken «gegenüber steht», was «Gegenstand» für unser Denken ist?

Es hat Philosophen gegeben, die der Meinung waren, daß das Sein eine Illusion ist; in Wirklichkeit gebe es nur «Werden», «Geschehen», fortwährende Veränderung, nur einen «Prozeß».

Sehen wir aber von dieser Streitfrage ab und sprechen einfach von der «Wirklichkeit», in der wir sowohl ein Sein wie auch ein Werden zu erkennen meinen, dann bleibt aber immer noch das Problem bestehen, wie sich unser Denken zur Wirklichkeit verhält.

Wir sagen, daß unser Denken richtig oder «wahr» ist, wenn es der Wirklichkeit entspricht; wenn nicht, sprechen wir von Irrtum oder Lüge, mindestens von «Unwahrheit». Nun, im Alltag läßt sich im allgemeinen schnell und leicht feststellen, ob ich richtig oder falsch gedacht habe. Aber beim philosophischen Denken, d.h. wenn wir über ein «Ganzes» nachdenken, über die Welt, das Leben im ganzen, haben wir ja keine Möglichkeit nachzuprüfen, ob das Gedachte mit dem, was wirklich ist, übereinstimmt, schon deshalb nicht, weil wir von dem, was wir «die Welt», die «Wirklichkeit» nennen, nichts weiter als ein Bild – ein Abbild vielleicht – und dazu Begriffe in unserem Denken vorfinden. Es ist uns also nicht möglich festzustellen, was diese Wirklichkeit «wirklich», an sich, ohne daß sie von uns gedacht wird, sein mag.

0,10. Die philosophische Besinnung führt uns aber noch in eine andere Richtung: Waren bisher Welt und Umwelt das Thema unseres Philosophierens, so soll nun die Mitwelt in den Blick kommen, d.h. die Frage, was die anderen für mich bedeuten, die einzelnen Menschen und «die Gesellschaft», ob es Grundsätze und Regeln für mein Verhalten zu ihnen gibt und ob und welche Aufgaben für ein gutes Zusammenleben an mich gestellt werden.

Wir sind in unserem Alltag von Regeln, Anweisungen, Vorschriften, Gesetzen umgeben, die unser Verhalten in der Mitwelt bestimmen. Im persönlichen Verkehr der Menschen untereinander haben sich darüber hinaus zahlreiche Umgangsformen entwickelt, nach denen sich jeder richten muß, der in einer bestimmten Gruppe, einer bestimmten Gesellschaft oder Gemeinschaft lebt. Es steht jedem frei, diese Vorschriften zu übernehmen und sich in jedem Fall danach zu richten. Wollen wir aber als Philosophierende versuchen, unser Leben denkend zu gestalten, dann werden wir diesen Verhaltensnormen gegenüber kritisch bleiben, d.h. nach ihrer Berechtigung fragen.

Wenn nun die Philosophie auch hier wieder nach einem «Ganzen» fragt, so heißt das, daß sie versuchen müßte, Grundsätze dafür aufzufinden, nach denen sich der Mensch – jeder Mensch – in jeder möglichen Situation in seinem Verhalten, seinen Entscheidungen, also in seinem Handeln, richten könnte und sollte.

Dem Sein, nach dem wir bisher gefragt hatten, steht jetzt also ein *Sollen* gegenüber. Waren bisher Erkenntnis, Wissen und Wissenschaft Themen unseres Philosophierens, so ist es jetzt das, was man in der Sprache der Philosophie das Normbewußtsein nennt, also schließlich die Frage, wieweit das Denken die Kraft hat, unser Handeln zu steuern. Denn alles bedeutungsvolle Handeln erfolgt auf Grund von Entscheidungen, und die Frage, nach welchen Grundsätzen, nach welchen Normen wir uns im einzelnen Fall entscheiden sollen, führt letzten Endes zu philosophischer Besinnung.

0,11. Damit haben wir einen Umkreis von philosophischen Fragen umrissen, der uns einen ersten Zugang zum Philosophieren aufweisen soll. Zweierlei sei dazu gesagt: Wir beschränken uns mit Absicht auf solche Fragen, die dem Wunsch nach einem Weltbild entspringen und für die Gestaltung eines menschenwürdigen Lebens die leitenden Ideen auffinden sollen.

Da es sich ferner um eine erste Hilfe für Philosphierende handelt, können die Probleme nur entwickelt werden, und zwar eben gerade bis zu dem Punkt, wo jeder Leser verstehen kann, was gemeint ist, und die Richtung erkennen kann, in der man nun weiterfragen müßte.

Mit Sicherheit wird sich dabei ergeben, daß manchem Leser diese oder jene Formulierung zu selbstverständlich, zu primitiv erscheint, einem anderen dafür wieder zu hoch gegriffen, nicht einfach genug entwickelt. Aber diese Schwierigkeit läßt sich bei der Verschiedenheit der Ansprüche und der Voraussetzungen unserer Leser wohl kaum vermeiden. Auf eine philosophische Fachsprache wurde jedenfalls verzichtet, so daß von daher Schwierigkeiten im Verständnis sprachlicher Formulierungen nicht auftreten können.

Aus den bisherigen Darlegungen, die eine erste Entwicklung des Philosophierens sein wollen, ergeben sich folgende 6 Themen, die – als Fragen formuliert – in einzelnen Abschnitten behandelt werden:

1. Wie denke und spreche ich?
2. Wie denke ich richtig?
3. Was kann ich von der Welt wissen?
4. Was weiß ich von mir selber?
5. Woher komme ich?
6. Was sind die anderen für mich?

(1) Wie denke und spreche ich?

1,1. Diese erste Frage unserer philosophischen Selbstbesinnung bringt uns bereits in große Verlegenheit. Wie kann man nach etwas fragen, was so selbstverständlich erscheint wie das Denken und das Sprechen? Aber wir werden sehen, daß viel zu bedenken ist, wenn wir uns einmal ernstlich darauf besinnen, was da eigentlich in uns vorgeht, wenn wir denken, und wenn wir versuchen, das, was wir denken, jemandem mitzuteilen.

Niemand kann daran zweifeln, daß der Mensch denkt, vielmehr: daß es in uns denkt – wie man gesagt hat, um auszudrücken, daß der Mensch durchaus nicht immer Herr seiner Gedanken ist. Oder wäre es vielleicht möglich, das Denken überhaupt einmal auszuschalten, einmal an gar nichts zu denken? Nun, schon die Absicht und die Anstrengung, dies durchzuführen, würde ja wieder das Denken in Bewegung setzen.

Aber unser Denken ist nicht immer in derselben Bewegung. Bald schweifen die Gedanken ohne Sinn und Ziel, fast so, wie wenn jemand dahinschlendert, ohne sagen zu können, wohin er eigentlich will. Oft aber sieht sich unser Denken vor sinnvolle, vor ernste und schwierige Aufgaben gestellt, die so unübersichtlich sein können, daß es schwerfällt, einen Weg zu finden und unter vielen möglichen Wegen den richtigen zu wählen, der zum Ziele führt. Wie oft enden unsere Gedanken in einer Sackgasse, wie oft müssen wir sagen: Nein, so geht's nicht! Für gewöhnlich sind es aber die Aufgaben des Alltags, die unsere Gedanken in Bewegung setzen und uns zwingen zu überlegen, was hier und jetzt getan werden muß, was für heute und morgen, was für die nächsten Wochen zu planen ist.

Was hat es also mit dem Denken auf sich? Auf jeden Fall scheint es ein Phänomen zu sein, eine Tatsache, die einfach da ist, die man nicht weiter erklären und begreifen kann. Wie solle man denn auch über das Denken nachdenken können? Denn um zu verstehen, was Denken eigentlich ist, müßte ich mich ja wieder des Denkens bedienen, d.h. ich müßte das Denken durch das Denken untersuchen und prüfen. Ich kann also anscheinend gar nicht «dahinterkommen», was Denken eigentlich ist; ich kann «nicht hinter das Denken zurückfragen», wie es in der Sprache der Philosophie heißt.

Einen Hinweis darauf, was «Denken» heißt, gibt uns das Wort selber; es bezeichnet ja etwas, was geschieht, was irgendwie verläuft. Vielleicht sind wir damit einen Schritt weitergekommen und können sagen, daß das Denken nicht so sehr als eine Tatsache, vielmehr als ein Prozeß zu verstehen ist, und zwar als etwas, was in einem lebenden Organismus, nicht in der «toten» Materie vor sich geht.

1,2. Was das Denken ist, läßt sich nicht scharf von anderen seelisch-geistigen Vorgängen abgrenzen, etwa von bildhaftem Vorstellen, von Ideen und Wünschen der schweifenden Phantasie oder einer mystischen Versenkung in religiöse Gefühle. Zur Aufhellung solcher Vorgänge hat wohl mehr die Psychologie als die Philosophie beizutragen. Die Antriebe, die zu unseren Entscheidungen und Handlungen führen, können im einzelnen erst später besprochen werden, obwohl sie mehr oder weniger das Ergebnis planmäßiger Denkvorgänge sind.

Ebenso muß zunächst auch die sehr interessante und wichtige Frage zurückgestellt bleiben, wie sich das Denken beim heranwachsenden Kinde allmählich entwickelt. Die Forschung auf diesem Gebiete ist Aufgabe einer besonderen Wissenschaft, deren Ergebnisse für die philosophische Frage, was Denken eigentlich sei, natürlich von großer Bedeutung sind. Damit hängt die ebenso bedeutungsvolle Frage zusammen, wie sich das Denken im Laufe der Stammesgeschichte des Menschen, d.h. während seiner Entwicklung aus der Tierreihe, gebildet hat. Auch diese Frage kann nur durch möglichst umfassende wissenschaftliche Forschung untersucht werden. Das ist aber deshalb besonders schwierig, weil man zwar an Knochenresten früherer Menschen Untersuchungen über deren Körperformen machen kann, für das Studium einer Entwicklung der Denkfähigkeit aber nichts von den Denkapparaten unserer Vorfahren übrig ist. Zwar sind viele Kulturschöpfungen vergangener Jahrtausende erhalten, aus denen die Wissenschaft auf die Denkformen der Menschen jener Zeiten schließen kann; aber diese Einsichten sind doch sehr unscharf und unsicher. Mehr gewinnt die Forschung wohl aus dem Studium noch lebender, «primitiver» Völker, deren Denken im Vergleich zu unserem «unterentwickelt» ist. Aber die gewaltigen Zeiträume, in denen sich die Fähigkeit des Menschen zu denken überhaupt entwikkelt hat, bleiben im Dunkel.

Auch die Frage, was eigentlich vor sich geht, wenn der Mensch denkt, welche Voraussetzungen in dem menschlichen Körper erfüllt sein müssen, damit überhaupt so etwas wie ein Denkvorgang zustande kommt, was geschieht, wenn mehrere dieser Bedingungen fehlen oder versagen oder ganz verlorengehen – auch die Untersuchung dieser Fragen ist Aufgabe besonderer Wissenschaften.

1,3. Es ist außerordentlich schwer, zwischen einer wissenschaftlichen Denkpsychologie, die den eigentlichen Denkvorgang untersucht, und der Philosophie eine scharfe Grenze zu ziehen; denn auch der innere Zusammenhang der Gedanken, ihre Abfolge und das Zustandekommen von Gedankengruppen (z. B. von Beweisen) und ganzen Denksystemen sind weitgehend von seelischen Vorgängen abhängig. Wie oft kommt es im Leben des Menschen im großen und kleinen vor, daß eine seelische Erschütterung das Gedankengebäude oder eine Überzeugung zum Einsturz bringt und den Menschen an allem, was er bisher gedacht oder geglaubt hat, zweifeln und verzweifeln läßt!

Die Philosophie kann also nicht an der Frage vorbeigehen, welchen Einfluß das seelische Erleben, das seelische Gestimmtsein auf den Inhalt und den Ablauf der Gedanken hat. Denn – wenn man es recht bedenkt – unsere Gedanken haben ja ihren Ursprung meist nicht im Kopf, sondern in der Tiefe des Gemüts und erhalten von dort immer wieder ihren Antrieb. (Diese Zusammenhänge sind von der «Tiefenpsychologie» eingehend untersucht worden.)

Das müssen wir auch deshalb bedenken, weil aus dieser Region so oft Störungen kommen, die den Gedankenablauf in falsche Richtung lenken, so daß es zu Irrtümern, Fehlentscheidungen und Fehlhandlungen kommt. Besonders gefährlich (und leider alltäglich) ist die Tatsache, daß sich die Menschen diesen Zusammenhang von Gefühl und Denken zunutze machen, um andere durch Scheinbeweise in die Irre zu führen und für eine Entscheidung gefügig zu machen, zu der sie sonst nicht fähig oder nicht bereit wären (vgl. 6,24). Wie leicht ist es, an das Mitleid, an das «gute Herz», an die Vertrauensseligkeit, an das Gefühl des «Verpflichtetseins» zu appellieren und sich bei anderen Vorteile zu verschaffen!

1,4. Die Forschungsergebnisse der Wissenschaften dürfen zwar von der Philosophie nicht übersehen werden; aber strenggenommen hat die Philosophie es nur mit den Erzeugnissen des Denkvorganges, mit den Gedanken zu tun, mit ihrem Zusammenhang und ihren Leistungen und vor allem mit der wohl schwierigsten Frage: wie, wieweit und ob überhaupt das menschliche Denken die Fähigkeit besitzt, das, was ist, die Wirklichkeit, die Welt und was vielleicht noch jenseits unserer Welt sein mag, zu erfassen, zu erkennen und in der Sprache auszudrücken.

1,5. Denken heißt immer: «etwas» denken. Was ist dieses «Etwas»? Die Philosophie spricht von einem «Gegenstand» des Denkens. Darunter sind natürlich nicht nur die Gegenstände, die «Dinge» der Außenwelt gemeint; auch etwa der Begriff «Freundschaft» oder der Satz «Peter ist mein Freund» sind, sobald sie gedacht werden, «Gegenstände» des Denkens.

Nun gibt es viele Stufen der Intensität des Denkens. Ich kann meine Gedanken schweifen lassen – in Erinnerungen oder in Wunschbildern, die mir eben so durch den Kopf gehen. Das kann dann ein rein passives Verhalten sein, das mir einen augenblicklichen Genuß bereitet. Aber auch sorgenvolle Gedanken können mir kommen, wenn ich mich in einer schwierigen oder aussichtslosen Situation befinde oder eine Nachricht erhalte, die mir Unruhe oder Sorge bereitet.

Anders verläuft der Denkvorgang, wenn ich vor einer mathematischen Aufgabe sitze, wieder anders, wenn ich mir ein geschichtliches oder politisches Ereignis zu erklären versuche. Immer handelt es sich um mehrere Faktoren, die miteinander in einer bestimmten Beziehung, in Relation zueinander stehen. Sind diese Faktoren Zahlen, so ist die Relation meist eindeutig, d.h. das Ergebnis meiner Überlegung, meiner Rechnung ist – falls ich keinen nachweisbaren Fehler gemacht habe – in dem Sinne «richtig», daß jeder vernünftige Mensch, der meinem Gedangengang, meiner Rechnung folgen kann, sie unbedingt anerkennen muß.

Aber wir denken eben nicht immer nur in Zahlen; im Gegenteil: wenn wir uns in der «Welt» zurechtfinden, wenn wir die Forderungen, die das Leben an uns stellt, bewältigen wollen, haben wir es meist mit einer verwirrenden Menge von Dingen, von Beziehungen, Zusammenhängen, Ansichten, Ursachen und Wirkungen zu tun, die wir gern in eine Ordnung bringen möchten, wie sie unser Zahlensystem von selber hat. Da uns das aber nur selten gelingt, wird unser Denken in ständiger Bewegung gehalten.

1,6. So wird schließlich die radikale Frage verständlich, welchen Sinn eigentlich das Denken hat, wozu es überhaupt da ist, welche Funktion es zu erfüllen hat.

Um diese Frage richtig zu verstehen, müssen wir vorweg fragen, was es heißt, daß etwas «einen Sinn hat».

Ganz allgemein werden wir sagen können, daß etwas dann Sinn hat, wenn es zu etwas anderem gehört, für etwas anderes da ist, für etwas Höheres, Umfassendes, Ganzes. Man hat das so formuliert: «Sinn haben heißt integrierender Bestandteil einer höheren Ganzheit sein», was so viel bedeutet, daß dieser Bestandteil für das Ganze unentbehrlich ist, es erst zu diesem Ganzen macht.

So hat z. B. jede Arbeit einen Sinn, wenn sie Arbeit an etwas, für etwas ist und ihren Sinn von eben diesem übergeordneten Zweck, dem zu fertigenden Gegenstand, her bekommt. Eine Geschäftsreise hat einen anderen Sinn als eine Vergnügungsreise, der Weg zur Arbeitsstätte einen anderen als ein Spaziergang.

Wenn das Denken einen Sinn haben soll, wird man wohl nicht mit einem Satz sagen können, welches dieser Sinn ist. Es wird schon davon abhängen, was man als dieses «Höhere», das «Ganze», das «Umfassende» ansieht, dem das Denken dienen soll. Manche werden sagen, der Sinn des Denkens sei die Wahrheitserkenntnis, andere, es diene dem Leben, der Lebenssicherung, der Lebenserhaltung, der Lebenssteigerung. Zusammen mit der Sprache dient das Denken zweifellos auch dem Verkehr der Menschen untereinander, der Gestaltung eines menschenwürdigen Zusammenlebens.

Leider hat das Denken aber auch andere Funktionen: Der Mensch benutzt es, um Lügen zu ersinnen, Ränke und Intrigen zu spinnen und so den anderen zu übervorteilen und auf raffinierte Weise zu schädigen.

1,7. Der umfassendste Sinn des Denkens und zugleich seine stärkste Antriebskraft dürfte aber das Streben nach Wissen sein. Der Mensch ist ständig darauf aus, immer mehr zu wissen; er möchte auch die Gewißheit haben, daß sein Wissen richtig ist, damit er es vor anderen vertreten kann und es ihn «weiterbringt» in Kenntnissen und Erfolgen: Wissen ist Macht! Er möchte aber auch wissen, wie eines mit dem anderen zusammenhängt, ja, wie alles miteinander einen einzigen Zusammenhang bildet, den er von einem – von seinem! – Standpunkt aus überschauen und beherrschen kann. (In Goethes Faust klagt Wagner: «Zwar weiß ich viel; doch möcht' ich alles wissen.» Und Faust selber möchte erkennen, «was die Welt im Innersten zusammenhält».)

Das ist also der Wunschtraum des menschlichen Geistes; aber der Weg dahin ist mühsam und führt über das Einzelwissen, an dem sich der Mensch – da er immer nur *einen* Gedanken denken kann – wie an einem Leitfaden vorwärts tasten muß. Ist er zu einem Ergebnis gekommen, bei dem das Denken zur Ruhe zu kommen scheint, so zeigt sich alsbald, daß das nicht endgültig sein kann, und in einem: «Ja, aber...» hebt ein neuer Gedankengang, ein neues Weiterfragen an. In diesem Prozeß des Weiterfragens und Weiterforschens zeigt sich die Verwandtschaft von Philosophie und Wissenschaft.

1,8. Kann sich der Mensch immer auf sein Denken verlassen? Kann er immer sicher sein, daß die Ergebnisse seines Denkens richtig sind, sofern er nur nach feststehenden Regeln verfährt?

Das ist leider nicht der Fall; vielmehr bestehen da die größten Unterschiede in dem Grad von Gewißheit, die die Denkvorgänge liefern. Eine absolute Gewißheit liefert nur die mathematische Rechnung. Versuche ich aber etwa aus dem Verhalten eines Menschen auf seine Motive zu schließen, versuche ich zu verstehen, was einen Politiker zu seiner Entscheidung geführt hat, so wird es mir kaum gelingen, eine Erklärung zu finden, die absolut gültig ist. Hier sind schon die einzelnen Faktoren, die ich meiner Untersuchung zugrunde legen muß, unsicher, ob ich z. B. die Charaktereigenschaften des Politikers, sein Verhältnis zu seiner Partei und zur Opposition kenne und ob ich abschätzen kann, wieweit er in diesem Augenblick auf die Wähler Rücksicht nehmen mußte oder wollte.

Es kann also gar nicht anders sein, als daß es über derartige Dinge, bei denen eine Unzahl von unübersichtlichen Faktoren im Spiel ist, verschiedene Ansichten, Standpunkte, Darstellungen gibt, die auch deshalb nicht zum endgültigen Austrag kommen können, weil es keine absolut zuverlässige Verständigungsmöglichkeit durch *Worte* gibt, wie sie durch *Zahlen* gegeben ist. In diesem Sinne spricht Jaspers von der «ständigen Mißverstehbarkeit» und dem «unvollendbaren Suchen nach Einklang in der Mitteilbarkeit».

1,9. Was heißt überhaupt «etwas verstehen»? Wie kommt es, daß ich – wenn ich etwas lese oder jemandem zuhöre – plötzlich sagen kann: «Ja, das habe ich verstanden»? Man spricht in diesem Falle auch von einem «Aha-Erlebnis».

Sehr oft ist es aber auch so, daß ich noch nicht sicher bin, ob ich etwas wirklich verstanden habe oder nur so ungefähr weiß, wovon die Rede ist. Dann gehe ich – wenn möglich – noch einmal an den Ausgangspunkt der Darstellung zurück und versuche, die einzelnen Schritte, die zum vollen Verständnis führen sollen, zu verfolgen und darauf zu achten, daß ich allen Teilen dieser Gedankenkette zustimmen kann. Einfacher ist es, wenn jemand da ist, den ich fragen und bitten kann, mir diesen oder jenen Punkt noch einmal zu erklären. Ich kann also etwas verstehen, was man mir erklärt. «Erklären» und «Verstehen» sind mithin (im allgemeinen Sprachgebrauch) aufeinander bezogen. Wir werden aber sehen, wie in der Sprache der Wissenschaft gerade diese beiden Begriffe in einen scheinbar unüberwindlichen Gegensatz treten, und zwar deshalb, weil das Wort «verstehen» einen neuen, ganz ausgeprägten Sinn bekommen hat.

Hier halten wir uns aber zunächst an den allgemeinen Sprachgebrauch und dürfen sagen, daß wir etwas verstehen, wenn wir erkennen, welchen Sinn es hat, d.h. (nach 1,6) zu welchem übergeordneten Zusammenhang, in welches System es gehört und welche Faktoren dabei mit im Spiele sind. Die Lage eines Industriewerkes z.B. verstehe ich, wenn ich die verkehrstechnischen, wirtschaftlichen und sozialen Verhältnisse seiner Umgebung kenne. Auch das Verständnis für eine behördliche Anordnung, für eine politische Entscheidung (vor allem auch früherer Zeiten) ist von der Kenntnis der zusammenwirkenden Faktoren abhängig.

1,10. Kommen wir nun aber noch einmal zurück zu den Elementen des Denkens. Alles Denken vollzieht sich in Begriffen. Das, was ein Begriff meint, ist seine Bedeutung. Da nun aber die Begriffe an die Worte der Sprache gebunden sind und daher von vielen Menschen, in vielerlei Zusammenhängen, zu verschiedenen Zwecken und nicht selten bei Auseinandersetzungen und Wortkämpfen verwendet werden, verändert sich der Bedeutungsgehalt von Fall zu Fall, von Mensch zu Mensch oft sehr leicht, und zwar um so eher dann, wenn das, was der Begriff bezeichnet, in der sichtbaren Welt nicht vorkommt, sondern selber nur etwas Gedachtes ist (vgl. 1,16).

Was z.B. der Begriff «Tisch» bedeutet, darüber besteht im allgemeinen Übereinstimmung; denn es handelt sich hier um einen Inbegriff konkreter, d.h. in der Außenwelt vorhandener, wahrnehmbarer Gegenstände von bestimmten Formen und Eigenschaften. Dagegen dürften Meinungen darüber, was der Begriff «Politik» eigentlich bedeutet, weit auseinandergehen. Warum? Weil an keinem konkreten Gegenstand gezeigt werden kann, was Politik ist. «Politik» ist ein «abstrakter» Begriff, d.h. von der Welt der anschaulichen Dinge «abgezogen».

1,11. Mit folgenden Überlegungen wollen wir versuchen, das Verhältnis der beiden Begriffe «konkret» und «abstrakt» schärfer zu fassen. Vor Zehntausenden von Jahren hat der primitive Mensch aus den alltäglichen Erfahrungen, die er im Umgang mit den Dingen und den Vorgängen in der Natur machte, erst einfache, später immer kompliziertere Werkzeuge und Geräte gefunden, erfunden, konstruiert, zunächst für einen bestimmten einzelnen Zweck, dann für immer umfassendere Anwendungsmöglichkeiten. Wie und wann die einzelnen Werkzeuge bei einer Arbeit eingesetzt wurden, hing von dem augenblicklichen Bedürfnis und der Findigkeit des jeweils arbeitenden Menschen ab, der die allgemeine Funktion dieses Werkzeuges, d.h. dessen Anwendungsbereich kannte und immer besser auszunutzen verstand.

Zugleich mit dieser Entwicklung der menschlichen Arbeit dürfte sich auch sein Denken entwickelt haben. Jedenfalls kann uns dieses Verhältnis von Einzelfall und Mehrzweckgerät helfen zu verstehen, wie sich abstraktes Denken wohl gebildet hat. Sicher hat sich in der langen Entwicklungsgeschichte der Menschheit allmählich das Bedürfnis ergeben, Begriffe zu bilden, die auf eine Mehrzahl, manche, die auf eine Vielzahl oder auch auf eine Gesamtheit von Gegenständen, Tatsachen, Vorgängen anwendbar und dadurch geeignet sind, ein weites Gebiet auf einmal zu überschauen, zu bezeichnen und damit zu beherrschen. Solche Begriffe fassen das konkrete Einzelne zu nicht mehr konkret aufweisbaren, also nur noch denkbaren Einheiten zusammen und werden zu Abstrakta, zu «abgezogenen» Begriffen. Und nun muß der einzelne Mensch, der sich dieser abstrakten Begriffe bedient, entscheiden, in welchem Fall er welchen abstrakten Begriff gebrauchen will, ob und wann ein durch die Denk- und Sprachgewohnheit geschaffener Begriff auf die jeweilige konkrete Situation anwendbar ist. Das Denken und die Sprache suchen also durch diese Begriffe die Welt «in den Griff zu bekommen», wie es die Werkzeuge mit der Welt der Dinge tun.

1,12. Dieses Bestreben, die Welt überschauend zu beherrschen, zeigt sich in der Verallgemeinerung. Die Menschen sind allzu sehr geneigt, aus wenigen Erfahrungen, die sie z.B. mit bestimmten Menschengruppen gemacht haben, allgemeine Schlüsse zu ziehen und Urteile zu fällen, besonders dann, wenn sie in ihre Weltanschauung passen oder den Wunsch, recht zu haben, befriedigen. «So sind eben die ‹Amerikaner›, die ‹Juden›, die ‹Männer›, die ‹Frauen›!»

Voreilig müssen diese Verallgemeinerungen dann genannt werden, wenn zu wenige Erfahrungen als ausreichende Bestätigung für solche endgültige Urteile angesehen werden. Dazu kommt meist noch, daß alle weiteren Erfahrungen dieser Art, wenn sie zu dem Vorurteil passen, als neuer Beweis gewertet werden; wenn sie ihm aber widersprechen, werden sie gern übersehen und bleiben unbeachtet, weil man ja sonst gezwungen wäre, den Irrtum einzugestehen und sein Urteil zu ändern.

Nur selten sind sich die Menschen dieser Tatsache bewußt, und wir finden hier wiederum bestätigt, daß der Ablauf der Gedanken in starkem Maße von unbewußten Triebkräften gesteuert wird.

Ein berühmter Mathematiker des 19. Jahrhunderts (Gottlob Frege) hat es als eine wichtige Aufgabe der Philosophie angesehen, «die Herrschaft des Wortes über den menschlichen Geist zu brechen, indem sie die Täuschungen aufdeckt, die durch den Sprachgebrauch über die Beziehungen der Begriffe oft fast unvermeidlich entstehen, indem sie den Gedanken von demjenigen befreit, womit ihn allein die Beschaffenheit des sprachlichen Ausdrucksmittels behaftet».

1,13. Das führt zu der Frage: Steuert das Denken die Sprache oder steuert die Sprache das Denken? Das ist natürlich keine echte Frage, auf die eine eindeutige Antwort möglich wäre; d.h. man kann nicht den einen Teil bejahen und den anderen verneinen. Diese Doppelfrage gehört in die Gruppe der Anregungsfragen, und die Antwort müßte wohl folgendermaßen lauten: Natürlich bestimmt der Gedankenverlauf die Sprache, in deren Sätzen die einzelnen Schritte des Denkens zum Ausdruck kommen. Insofern ist ganz selbstverständlich, daß das Denken die Sprache steuert. Aber in einem anderen Sinne ist auch das Umgekehrte richtig: Der Gedankenverlauf ist sicher weitgehend an die Gegebenheiten und Gewohnheiten des sprachlichen Ausdrucks gebunden. Aber mehr noch: Indem ich meine Gedanken im Sprechen formuliere, wird mein Denken – sozusagen durch den Schwung des Sprechens selber – zu neuen Gedanken fortgetragen, die wie von selber auftauchen, so daß ich mich nachher erstaunt frage, woher mir solche ganz neuen Gedanken gekommen sind. (In einer berühmten Abhandlung hat der Dichter Heinrich von Kleist diesen rätselhaften Prozeß an Hand von Beispielen meisterhaft geschildert: «Über die allmähliche Verfertigung der Gedanken beim Reden».)

Das führt uns nun aber weiter zu dem, was man freie Phantasie,

Einfall, Intuition nennt. Hier werden wir nicht mehr behaupten können, daß das Denken in diesem Sinne an eine sprachliche Form gebunden ist; im Gegenteil: wir müssen oft mit großer Mühe um den sprachlichen Ausdruck eines solchen ungewöhnlichen Einfalles ringen, und oft gelingt es uns überhaupt nicht, uns darüber klar zu werden, was uns da durch den Kopf gegangen ist und wie wir das ausdrücken sollen. Der Grund ist wohl darin zu suchen, daß diese Einfälle, diese Phantasiegebilde weitgehend aus dem Unbewußten, aus dem Gefühlsbereich oder aus dem Wunschdenken entstehen, so daß die Frage sprachlicher Formulierung dabei noch gar nicht auftaucht. (Über andere Schwierigkeiten des sprachlichen Ausdrucks: 6,4.)

1,14. Auch an einer anderen Beobachtung darf die philosophische Selbstbesinnung des Denkens nicht vorübergehen. Ebenso, wie ein Gegenstand, den wir in der Ferne sehen, klein und unbedeutend erscheint und mit zunehmender Entfernung ganz verschwindet, so haben auch in unserem Denken räumlich und zeitlich weit entfernte Ereignisse und Tatsachen geringere Bedeutung und verlieren ihre Schrecken, da sie uns ja nicht «berühren» und auch keine Gefahr für uns bedeuten.

So werden etwa riesenhafte Zahlen von Opfern einer Naturkatastrophe oder von «Verlusten» auf dem Schlachtfeld mit größerer oder geringerer Anteilnahme zur Kenntnis genommen, je mehr oder weniger wir persönlich von ihnen betroffen sind. Und mit welcher Gelassenheit spricht man z. B. von der «Lage» auf dem «Kriegsschauplatz», wobei unter der Wirkung dieser friedlich klingenden Begriffe der Jammer, das Elend, die Schmerzen und das Sterben kaum bedacht werden und in den Gedanken ganz verschwinden, so als ob es sich um ein interessantes, theaterähnliches Geschehen handelte. Hier verfolgt unser Denken offenbar die Absicht, durch den sprachlichen Ausdruck von dem niederschmetternden Eindruck des wirklichen Geschehens abzulenken und eine Beunruhigung nicht erst aufkommen zu lassen. Unter «Kristallnacht» stellt man sich etwas Feenhaftes, ein Märchen vor.

1,15. Man hat vielfach die Frage erörtert, ob jeder Begriff von einer Vorstellung, d. h. von einer Art Bild des mit dem Begriff gemeinten Gegenstandes begleitet sein müsse. Es scheint, daß diese Frage verneint werden muß. Selbst wenn ich den Begriff «Tisch» gebrauche, kann ich keine Vorstellung «Tisch überhaupt» haben, höchstens das

Bild eines bestimmten, konkreten Tisches. Es *kann* also sein, daß ein Begriff im Denken von einem anschaulichen Bild begleitet wird; es ist aber durchaus nicht notwendig und in den meisten Fällen auch gar nicht möglich, so z.B. dann, wenn in Erörterungen über wirtschaftliche, politische, kulturelle Fragen die Abstrakta sich häufen. Solche Darlegungen werden voll verstanden, auch ohne daß jeder Hörer in jedem Augenblick eine dem abstrakten Begriff entsprechende Vorstellung hat. (Welche Vorstellung könnte man wohl haben, wenn etwa von Weltwirtschaftskrise oder von Weltuntergang gesprochen wird?)

1,16. Aus der Tatsache, daß der Bedeutungsinhalt eines Begriffes, der etwas Abstraktes bedeutet, nicht wahrgenommen werden kann, ergibt sich, daß man sich über einen solchen Begriff oft nur sehr schwer mit voller Genauigkeit verständigen kann. Wenn jemand sagt: «Unter Freundschaft verstehe ich etwas ganz anderes!», dann kann der andere nur mit Hilfe vieler Begriffe, die wiederum Abstrakta sind, sagen, was er unter Freundschaft versteht.

Für die Philosophie ergibt sich hieraus eine äußerst bedenkliche Notlage. Wenn ein Philosoph einen wirklich neuen Gedanken hat, den er durch einen entsprechenden Begriff eindeutig bezeichnen möchte, um ihn anderen mitzuteilen, so ist er in großer Verlegenheit: bildet er ein völlig neues Wort, so kann kein Leser wissen, was gemeint ist, er muß also einen Begriff wählen, der allgemein bekannt und im Gebrauch ist, muß aber dann möglichst genau zu sagen versuchen, welches die neue, andere Bedeutung dieses alten Wortes sein soll.

Selbst wenn ihm das gelingt, kann sich nicht jeder Leser ohne weiteres von dem gewohnten Bedeutungsinhalt des Begriffes frei machen und versteht nicht, was gemeint ist. Die philosophische Literatur aller Zeiten ist voll von solchen Mißverständnissen.

1,17. Wir müssen also vielleicht sehr bescheiden sein und sagen, daß Begriffe vielfach nur als Hinweise dienen, Orientierungs- und Markierungspunkte sind, die wie Verkehrszeichen unser Denken und Handeln lenken sollen. Eigentliche Erkenntnis können Begriffe allein nicht vermitteln; dazu ist immer mindestens ein Satz, oft ein langer Text nötig. Das geht schon daraus hervor, daß der einzelne Begriff erst aus dem Zusammenhang, dem «Kontext», seine genaue Bedeutung bekommt. Ein Begriff, für sich allein gesetzt, ohne alle Beziehungen zu anderen Begriffen, würde sich ebenso verlassen vorkommen wie eine Figur, die allein auf dem Schachbrett steht. An beiden sind die ihnen gegebenen Möglichkeiten zwar erkennbar; zur Wirkung können sie aber erst dann kommen, wenn sie in einem «Funktionszusammenhang» mit anderen Figuren stehen.

Man hat auch gesagt, daß die Sprache sich zur Wirklichkeit verhalte wie eine Landkarte zur Landschaft. Das würde z. B. besagen, daß ein einzelner Punkt auf einem leeren Blatt Papier gar nichts bedeutet, aber als Punkt in einer Landkarte (also als Teil eines Sinnzusammenhanges) vielleicht als eine bestimmte Stadt erkannt wird.

Diese bildhaften Vergleiche können aber nur andeuten, in welcher Weise Sprache die Wirklichkeit zum Ausdruck bringt; wenn wir genauer zusehen, ergibt sich ein viel komplizierteres Verhältnis zwischen der «Welt» und der Art und Weise, wie unsere Sprache versucht, ein Weltbild zu gewinnen und darzustellen, und wie dabei «Welt» und «Sprache» in einer lebendigen Wechselwirkung stehen. Dieses schwierige Problem wird uns später beschäftigen.

1,18. Wir müssen auch unterscheiden zwischen der Wortbedeutung, wie sie durch den Gebrauch in einer Sprache festgelegt ist, und der Wirkung des *gesprochenen* Wortes – im Gespräch, in der Rede, in einer Debatte. In allem, was einer sagt und wie er es sagt, schwingen Gefühle, Absichten, Wünsche, Abwehrreaktionen, Zustimmung oder Ablehnung und manch andere unwägbare Faktoren mit, die dem Gesagten einen besonderen Sinn geben.

Aber auch im Gesprächspartner können selbst dann, wenn das Gesagte ganz objektiv, ohne allen Nebensinn gemeint ist, irgendwie empfindliche Stellen getroffen werden, so daß er sich kritisiert oder verletzt fühlt und dann nur schwer zu überzeugen ist, daß das «gar nicht so gemeint war».

Mißverständnissen solcher Art ist jede Unterhaltung ausgesetzt, besonders dann, wenn die Gesprächspartner einander fremd sind und erst einmal abtasten wollen, von welchem Standpunkt aus der andere spricht. Man sollte meinen, daß in wissenschaftlichen Diskussionen diese Schwierigkeit nicht auftreten könne, da ja hier alle Begriffe wohl definiert seien. Das ist aber durchaus nicht immer der Fall, und außerdem erscheinen ja auch hier die Begriffe immer wieder in einem anderen Zusammenhang, so daß sich auch hier sehr wohl ihre Bedeutung verschieben kann. (Hierüber wird später noch mehr zu sagen sein.)

Es ist selbstverständlich, daß alle diese Schwierigkeiten der sprachlichen Verständigung sich besonders dann bemerkbar machen müssen, wenn wir versuchen, mit anderen über *philosophische* Einsichten zur Klarheit zu kommen. Dies geschieht vorwiegend in drei Formen: im Dialog, in der Diskussion und in einer Debatte. Es ist wichtig, diese drei Formen auseinanderzuhalten: Dialog heißt «Zwiegespräch», bedeutet also strenggenommen ein Gespräch unter zwei Partnern. Im Dialog ist es am ehesten möglich, so zu philosophieren, daß jedes Rechthabenwollen ausgeschaltet wird und jeder der beiden Partner bereit ist, Einwände vom anderen anzunehmen und die eigene Meinung dementsprechend zu verändern oder ganz fallen zu lassen. Das wird um so eher gelingen, wenn jeder davon überzeugt ist, daß jede Meinung, Ansicht, ja auch Überzeugungen eines einzelnen immer mehr oder weniger einseitig sein müssen und man deshalb bereit sein sollte, sie an der Meinung eines anderen zu messen. Dagegen ist eigentlich jede philosophische Diskussion unbefriedigend, schon deshalb, weil es sehr schwer ist, unter mehreren Partnern einen Wortgebrauch so festzulegen, daß er für alle Gesprächsteilnehmer gelten kann und alle sich während des Gesprächs auch wirklich streng an ihn halten. Aber selbst bei gutem Willen aller ist nicht zu vermeiden, daß sich der Wortgebrauch von einem zum anderen, ja sogar bei demselben Sprecher von einem Beitrag zum anderen unmerklich ändert, wodurch dann das ganze Resultat der Diskussion unbefriedigend bleibt und keine Lösung für das besprochene Problem bringt.

Und wenn die Gesprächspartner ihr Temperament nicht zügeln können und ihren Standpunkt glauben «verteidigen» zu müssen, dann sind sie schon in der Atmosphäre des Kampfes, dann artet das Gespräch in eine Debatte aus, die für die Lösung eines philosophischen Problems völlig ungeeignet ist.

Am besten kann man die Vieldeutigkeit der Begriffe in den Auseinandersetzungen studieren, die auf dem Felde des politischen Kampfes ausgetragen werden. Hier kann man kaum noch von Diskussion sprechen (obwohl dieser Begriff verwendet wird, um den Anschein zu erwecken, es handle sich um ein ehrliches Streben nach Wahrheitsfindung). Gewiß erhebt der Politiker mit Recht den Anspruch, die wahre, die allein gültige politische Erkenntnis zum Ausdruck zu bringen; da es ihm aber zugleich darauf ankommt, die gegnerische, also vermeintlich falsche Auffassung zu bekämpfen, bedient er sich nicht selten – oft sogar unbewußt – des Mittels, den Worten des Gegners einen anderen als den gemeinten Sinn unterzulegen, ihm auf diese Weise Irrtümer oder gar bewußte Irreführung nachzuweisen und ihn vor den Zuhörern bloßzustellen. («Sie nennen das kluges Einlenken? Für mich ist das Verrat!» «Ich habe einen anderen Begriff von politischer Verantwortung als Sie!»)

1,19. Was wir von dem Begriffswandel und den damit verbundenen Schwierigkeiten der Verständigung gesagt haben, hat seinen Grund darin, daß wir gezwungen sind, fest geprägte Worte zu Trägern von Begriffen zu machen, deren Inhalt sich leicht wandelt und immer von dem Zusammenhang abhängig ist, von dem er erst seinen genauen Sinn bekommt. (Es ist ein beliebtes Mittel, in Auseinandersetzungen die Kritik des Gegners dadurch zu entkräften, daß man sagt: «Das ist ja aus dem Zusammenhang gerissen!») Man hat von einer «Bandbreite» der Begriffe gesprochen und meint damit, daß einem Wort bisweilen Bedeutungen zugeordnet sein können, die dicht beieinander liegen, unmerklich ineinander übergehen oder sich nur in Nuancen voneinander unterscheiden. Die Geschichte ist voll von Beispielen, wie es dem Menschen immer wieder gelingt, sich mit Worten durchzusetzen und den Gegner aus dem Felde zu schlagen. Wir werden später beobachten können, wie sich das Denken ganz allgemein diese Tatsache zunutze macht.

Als Beispiel diene hier nur folgendes: Vergleichen wir einmal, was «Demokratie» etwa in der Schweiz und in der Deutschen Demokratischen Republik bedeutet! Hier staatsbürgerliche Selbstdisziplin, die ihre Wurzeln in einem traditionsgebundenen Gemeinsinn hat, dort die angeblich geschlossene Zustimmung des Volkes zu einem System, in dem keineswegs das Volk herrscht, vielmehr total beherrscht wird (vgl. 6,33).

1,20. Die Einsicht in die vielfältigen Schwierigkeiten des sprachlichen Verstehens zwingt uns, einmal zu fragen, was dieser offenbar für den Menschen lebenswichtige Vorgang eigentlich bedeutet, unter welchen Bedingungen er zustande kommt und welche Grenzen er hat. Vielleicht gewinnen wir eine tiefere Einsicht dadurch, daß wir zunächst danach fragen, was ‹Verständigung› praktisch bedeutet, d.h. jener Vorgang, den man auch im Zusammenleben der Tiere beobachten kann. Wir wissen, daß sich Tiere durch Zeichen aller Art untereinander verständigen, vornehmlich durch bestimmte Bewegungen und Laute. Diese sind für die Tiere wichtig, damit sie ihr Verhalten in der Gruppe, im Rudel, im Schwarm aufeinander abstimmen, ‹koordinieren› können. Ob man diese Verständigungszeichen «Sprache» nennen will oder nicht, ist für die Sache selber nicht entscheidend; sicher hat die Verhaltensforschung eine sehr weit reichende Kenntnis von dieser ‹Tiersprache› und erforscht sie ständig weiter. Natürlich muß man auch hier schon von einem «Verstehen» sprechen; denn nur dann, wenn diese Zeichen auch verstanden werden, können sie der Verständigung dienen.

Im Grunde genommen ist das Verhältnis von Zeichen, Verständigung und Verstehen beim Menschen nicht anders als beim Tier, nur daß sich hier die Menge und Vielfalt der Zeichen entsprechend der unübersehbaren Fülle der Verschiedenheit in den Faktoren des Zusammenlebens entfaltet und durch die Entwicklung der menschlichen Wortsprache die Möglichkeiten des Ausdrucks ins Grenzenlose gesteigert hat.

Die eigentliche Problematik liegt aber in der Frage, wie ein Verstehen unter Menschen zustande kommt, welche Grenzen ihm gesetzt sind, welches die Bedingungen sind, die es überhaupt möglich machen. Auch hier kann uns ein Blick in die Tierwelt eine erste Erkenntnis vermitteln; Tiere können sich, wenn überhaupt, nur so weit verständigen, wie sie durch Artverwandtschaft oder Lebensbedingungen einander nahestehen. Bei den Menschen ist es nicht anders. Nur bei gleichen Lebensbedingungen, bei einem annähernd gleichen Niveau von Kenntnissen, Erfahrungen, Empfindungen und Wertmaßstäben ist eine Verständigung möglich. Das bedeutet, daß Verständigung immer eine gewisse Gemeinsamkeit voraussetzt, daß also dort, wo die entsprechenden Grundeinstellungen, Wertmaßstäbe fehlen, die Verständigung ihre Grenzen hat.

1,21. Immer da, wo eine so klare Problemstellung auftaucht, hat sich seit dem Altertum aus dem philosophischen Fragen eine gezielte Forschungsrichtung entwickelt, also eine Wissenschaft. Das ist auch bei unserem Problem der Fall. Wie sich die Menschen durch Zeichen, wie sie sich durch Worte verständigen, wie es kommt, daß sprachliche Ausdrucksformen, also Wörter, Sätze und ganze Texte einen Sinn haben können, so daß aus gegebenen Formen dieser Sinn von jedem Menschen, der diese Sprache versteht, aufgenommen, verstanden und verarbeitet werden kann, hat gleich zu einer ganzen Reihe von Wissenschaften geführt, die man zusammenfassend als Sprachwissenschaft bezeichnet. Für unser Problem sind drei von ihnen von besonderer Bedeutung.

Begriffe und Sätze und ihre Beziehungen werden von einem Wissenszweig untersucht, der *Semantik* heißt: «Lehre von den Bedeutungen». Immer größere Beachtung finden ferner solche nicht-sprachlichen Zeichen, die dem Menschen bestimmte Hinweise, Warnungen, Ratschläge geben wollen. Sie müssen so deutlich, allgemein verständlich und eindeutig sein, daß sie mit einem Blick erfaßt werden können, aber eben voraussetzen, daß sie jeder, an den sie sich wenden, versteht (wie z. B. die Verkehrszeichen). Die Wissenschaft von solchen Zeichen heißt *Semiotik.*

Aber es gibt eine besondere Art von Zeichen, die nicht sofort von jedem, der sie sieht, verstanden werden, die vielmehr so etwas wie ein Sinnbild für bestimmte Gruppen darstellen, etwa als Ausdruck ihrer Zusammengehörigkeit gelten und geradezu verehrt werden: z. B. Vereinsabzeichen, eine Flagge als Sinnbild einer Nation, einer Volkszugehörigkeit, ferner Kreuz, Halbmond, Stern als Sinnbilder für bestimmte Religionen. Auch diese Sinnbilder, die *Symbole,* ihre Entstehung, Bedeutung, Wirkung und ihr Wandel, sind Gegenstand einer besonderen Wissenschaft, der *Symbolik.*

1,22. Semantik, Semiotik und Symbolik dienen also der Erforschung von sprachlichen und bildhaften Zeichen, die der menschlichen Verständigung zugrunde liegen.

Nun versteht sich aber von selbst, daß das Zusammenleben der Menschen in ihrer hochentwickelten Kulturgemeinschaft nicht mit so einfachen Mitteln zu bewältigen ist. Zwar haben alle Kultursprachen in und mit der Entwicklung des menschlichen Denkens zu einem solchen Reichtum an Ausdrucksmöglichkeiten geführt, daß sie fähig sind, auch komplizierte Gedanken wiederzugeben.

Nun sind aber vielfach die Zusammenhänge und Gedankengänge, die zum Verständnis gebracht werden sollen, so verwickelt oder lükkenhaft, daß es kaum möglich scheint, sie mit den Mitteln der Sprache zureichend und zuverlässig darzustellen. Zudem kann die Sprache in jedem ihrer Sätze ja nur *einen* Gesichtspunkt ausdrücken; es ist daher oft ein langer Text nötig, um einem komplizierten Sachverhalt einigermaßen gerecht zu werden.

Diese Schwierigkeiten steigern sich besonders dann, wenn es sich um Ereignisse oder Zustände handelt, an denen der Mensch mitwirkend beteiligt ist (oder war). Wenn derartige Zusammenhänge, Wirkungen oder gar verborgene Absichten mit den Mitteln der Sprache dargelegt werden müssen, ist eben nur eine Aussage *über* etwas möglich, und es bleibt ungewiß, ob damit die Sache selbst getroffen wird, wieweit man sagen kann, daß die Darstellung «richtig» ist. Dann stehen wir aber vor dem Problem: Wie verhält sich das Gesagte zu dem, worüber es etwas aussagt? Kann ich überhaupt durch den Panzer der sprachlichen Darstellung zu der Sache selbst vordringen? Denn die Sprache ist ja ein vorgefertigtes System von Bedeutungen und Beziehungen, von «Strukturen», wie man sagt. Gewiß liegen auch hier ‹Zeichen› vor, die man deuten kann; aber eben das komplizierte Verhältnis zu ihrem Gegenstand läßt keine sichere Deutung zu. Diese Erkenntnis hat zu allen Zeiten die Denker beunruhigt, und in zahlreichen Abhandlungen ist das Problem der «Hermeneutik», d.h. die Frage nach dem rechten Verstehen, der Auslegung sprachlicher Erzeugnisse, Gegenstand der Forschung gewesen und ist es heute von neuem.

1,23. Man könnte also Hermeneutik verstehen als die Frage nach dem «tieferen Sinn», nach dem, was ‹dahinter›, was ‹hinter den Worten steckt›. Dabei würde vorausgesetzt, daß das dem Menschen Zugängliche nur etwas Vordergründiges wäre, das auf etwas ‹Eigentliches›, ‹Wesentliches› hinweist. Diesem Hinweis folgend, könnte er zu dem Wesenhaften vordringen, und das wäre dann der eigentliche Vorgang des Verstehens, d.h. eine Methode der Hermeneutik, etwa so, wie man aus dem äußeren Aussehen einer Frucht, aus Form und Farbe der Schale, auf Grund von Erfahrungen auf den inneren Kern und den Geschmack schließen kann. Bis zum gewissen Grade leistet das auch die Hermeneutik, aber eben nur so weit, wie sie sich auf eine Erfahrung verlassen kann. Ihr eigentliches Problem liegt aber darin, wie sie ohne die nötigen Erfahrungen aus äußeren Gegebenheiten auf etwas schließen soll, was einmalig war, was nur einmal geschehen ist, so daß im Grunde überhaupt nicht festgestellt werden kann, ob der Deutungsversuch einen Erfolg gehabt hat; denn es ist ja nichts bekannt, womit das methodisch Gewonnene verglichen werden könnte.

1,24. Am eindrucksvollsten läßt sich dieser Vorgang an der Geschichtsschreibung verdeutlichen. Der Geschichtsforscher, der es unternimmt, eine bestimmte Periode der Vergangenheit darzustellen, steht vor einer doppelten Schwierigkeit: er muß versuchen, den tatsächlichen Geschichtsverlauf, wie er ihn in zeitgenössischen Quellen vorfindet, zu verstehen, d.h. danach zu forschen, welche Verhältnisse der damaligen Zeit – wirtschaftliche, politische, kulturelle, persönliche – zu den betreffenden Ereignissen geführt haben. Aber damit darf er sich keinesfalls begnügen; denn auch alles, was sich im Denken, im Gefühl, in den Anschauungen und Wertvorstellungen der damaligen Menschen, insbesondere der verantwortlichen Personen abgespielt hat, müßte bedacht werden, da es mehr oder weniger die Ereignisse beeinflußt haben kann: eine unlösbare Aufgabe! Der Forscher ist also gezwungen, um in seiner Darstellung etwas über diese unwägbaren Faktoren, über die inneren Motive und Ursachen der geschichtlichen Vorgänge sagen zu können, diese Lücken durch Vermutungen auszufüllen. Daß die Geschichtsschreibung tatsächlich darauf angewiesen ist, beweisen die oft weit auseinander gehenden und widersprüchlichen Darstellungen von Historikern der gleichen Epoche.

Die zweite Schwierigkeit besteht darin, daß der Geschichtsschreiber das, was er erforscht zu haben glaubt, mit den ihm zur Verfügung stehenden Mitteln darstellen muß, und das bedeutet, daß er diese ungewissen und unwägbaren Faktoren des Geschehenen allgemeinverständlich in Worte fassen muß. Hier stehen wir wieder vor dem hermeneutischen Problem: Die Darstellung geht ins Offene; sie kann nicht wie eine exakte Wissenschaft ein endgültiges, beweisbares Resultat vorweisen. Bestätigt wird diese Auffassung durch die Tatsache, daß – wie man gesagt hat – jede Generation die Geschichte neu schreiben muß.

(2) Was leistet mein Denken?

2,1. Wir wissen nun, daß die Begriffe ihre genaue Bedeutung nur aus dem Zusammenhang bekommen, und zwar zunächst aus dem Satz, in dem sie verwendet werden.

Oft aber reicht ein einzelner Satz dazu nicht aus. Wenn ich z.B. sage: «Die Welt ist aus den Fugen geraten!», so ist nicht erkennbar, was mit «Welt» gemeint ist: die Welt der Gesellschaft der Menschen oder die Welt der sittlichen Normen oder die Welt der Wirtschaft oder etwa die Welt, in der sich der einzelne Mensch nicht mehr zurechtfindet, sie nicht mehr verstehen kann und schließlich am Leben verzweifelt. Was also hier mit «Welt» gemeint ist, ergibt sich erst aus dem Zusammenhang, aus dem der Satz genommen ist.

2,2. Ferner handelt es sich für uns um die Frage, wie wir denken müssen, um richtig zu denken, d.h. wie wir es vermeiden können, falsch zu denken, uns zu irren, vor allem aber, wie unser Denken geschult sein muß, damit wir uns nicht von anderen irreführen lassen, dadurch daß sie bewußt oder unbewußt Denkfehler machen. Wir sind im Alltag ständig solchen Situationen ausgesetzt, schon wenn wir uns mit jemandem unterhalten und uns mit ihm auseinandersetzen über eine Frage, in der wir uns nicht einig sind. Bei der täglichen Zeitungslektüre haben wir die beste Gelegenheit, uns im Erkennen von Denkfehlern zu üben, besonders wenn wir das Für und Wider politischer Artikel daraufhin untersuchen, woran es liegt, daß Menschen oder Parteien über dieselbe Sache verschiedener Meinung sein können. Die immer wiederholte Klage, daß sich die Menschen durch die «Kommunikationsmittel» zu leicht «manipulieren» lassen, ist dann berechtigt, wenn der Leser oder Hörer einer Darstellung oder Beweisführung hilflos ausgeliefert ist, d.h. die versteckten Denkfehler, mit denen der Beweis erschlichen ist, nicht erkennen kann.

2,3. Aus dieser Erkenntnis müßte sich eigentlich die Forderung ergeben, daß die wichtigste Aufgabe für jede Bildung des Menschen, für die Vorbereitung auf seine spätere Mitwirkung in der menschlichen Gesellschaft eine *Denkschulung* ist, durch die er diese Zusammenhänge kennen und einsehen lernt, daß es immer und überall darauf ankommt, richtig zu denken, Denkfehler, die sich so leicht einschleichen, zu vermeiden. Jeder, der irgendwie «mitreden» will oder muß, hätte die Pflicht, sich mit den Regeln des richtigen Denkens vertraut zu machen, die häufigsten Fehlerquellen kennenzulernen und sich im richtigen Gebrauch der Denkoperationen zu üben. Leider nehmen die Schulen diese Aufgabe nicht ernst genug, und so ist die einzige Gelegenheit, etwas von der eigenartigen Gesetzlichkeit der Denkoperationen zu erfahren, oft nur der von den Illustrierten zum Zeitvertreib angebotene «Denksport».

2,4. Die meisten Menschen wissen gar nicht, daß es so etwas wie ein System von Denkregeln überhaupt gibt. Dabei ist ein solches erstaunlich früh – bereits im 4. Jahrhundert vor Christi Geburt – in Griechenland geschaffen worden. Es ist so genau bis ins einzelne durchdacht und formuliert, daß es mehr als zweitausend Jahre in Gebrauch war und für das geistige Leben und die Weiterentwicklung der Wissenschaften die Grundlage bildete. Es war allgemein anerkannt und galt als Voraussetzung und Garantie für die Richtigkeit aller Denkoperationen. Der griechische Philosoph Aristoteles (384–322) hat dieses System von Denkregeln, die «Logik», geschaffen, und die Geschichte hat ihm deshalb den Beinamen «Vater der Logik» gegeben. In neuerer Zeit ist die aristotelische Logik im Zusammenhang mit der Weiterentwicklung der Wissenschaften und der Technik durch ganz neuartige Operationen erweitert worden, bei denen die logischen Beziehungen vorwiegend durch mathematische Zeichen dargestellt werden. Dieses neue System ist die «Logistik» (siehe 2,18).

2,5. Um die Denkoperationen zu verstehen und richtig gebrauchen zu können, müssen wir noch einiges über die Eigenschaften der Begriffe nachtragen:

a) Nehmen wir den Begriff «Löwe», so wissen wir, daß dieses Tier zu einer Gruppe von Tieren gehört, die untereinander nicht nur ähnlich, sondern miteinander verwandt sind. Was heißt das? Sie haben so viele Merkmale gemeinsam, daß die Zoologie sie zu einer besonderen Art, und zwar den «Katzen», zusammenfaßt. Mehrere Arten bilden dann eine Gattung, dann folgen Familien, Ordnungen, Klassen, Stämme. An diesem System, das eine Übersicht über das Tierreich bietet, können wir uns eine Eigenart der Begriffe verdeutlichen: wir sagten, daß die zu einer Art gehörenden Tiere viele gemeinsame

Merkmale haben. Je höher wir in der Tierreihe aufsteigen, d.h. je größer die Gruppen werden, um so geringer wird die Zahl der gemeinsamen Merkmale, aber um so größer die Anzahl der Tiere, die zu dieser Gruppe gehören. Die «Art» der Katzen gehört z.B. zur «Klasse» der Säugetiere. Diese aber sind natürlich viel zahlreicher als die Katzen. Hier gilt also die Regel: mit abnehmender Zahl der Merkmale nimmt die Anzahl der Tiere zu.

Dieselbe Ordnung herrscht nun im System der Begriffe: die Summe der Merkmale nennt man den Inhalt des Begriffes, die Anzahl der Dinge oder Lebewesen, die mit einem Begriff bezeichnet werden, ist sein Umfang. Also: je größer der Inhalt, umso geringer der Umfang – und umgekehrt.

b) Denken wir uns alle Merkmale eines Begriffes auf einem Blatt Papier vermerkt, so brauchen wir vielleicht eine große Fläche. Nehme ich nun davon alle Merkmale, die der Begriff mit anderen Begriffen gemeinsam hat, zusammen, d.h. lasse ich die ihm allein zukommenden Merkmale weg, so komme ich zu einem neuen Begriff, dessen Inhalt eben nur diese gemeinsamen Merkmale sind, die weniger sind als die vorher auf der Fläche verzeichneten. Dieses Zusammenfassen gemeinsamer Merkmale nennt man Abstrahieren, Abstraktion. Zum Beispiel: Ich sehe von den Eigenschaften dieser einzelnen Katze ab und fasse die Merkmale zusammen, die allen Katzen zukommen. Sehe ich nun auch von den eigentlichen Katzeneigenschaften ab und fasse nur diejenigen zusammen, die allen Säugetieren zukommen, so komme ich eben zu dem Begriff Säugetier, der abstrakter ist als der Begriff Katze. Über die Säugetiere kann ich noch weniger aussagen als über die Katzen: der Inhalt des Begriffes ist ärmer geworden, dafür der Umfang weiter. Wenn ich die Abstraktion noch weiter treibe, komme ich schließlich zu dem Begriff «Tier»: wenig Merkmale, großer Umfang. Es fällt uns nicht schwer, uns vorzustellen, alle Tiere nebeneinander in eine Zeile zu schreiben, in eine Zeile darüber die jeweiligen Arten, zu denen die einzelnen Tiere gehören, darüber die Gattungen usw., bis schließlich ganz oben nur noch der Begriff «Tier» steht. Dieses System von Begriffen bildet dann also eine Pyramide, und man spricht in der Logik tatsächlich von einer «Begriffspyramide».

Hier stellt sich uns die Frage, wie viele solcher «Begriffspyramiden» es wohl gibt. Um richtig antworten zu können, müssen wir folgendes überlegen: die «Katze» haben wir in unserem Beispiel lediglich als dieses Tier gedacht und daher in die Pyramide eingeordnet, deren Spitze eben «Tier» war.

Wir können «Katze» aber auch ganz anders denken: etwa zusammen mit Hund, Pferd, Kuh, Schaf usw., und kämen so zu dem übergeordneten Begriff «Haustier». Wir können «Katze» aber auch in eine Reihe derjenigen Mittel stellen, die der Schädlingsbekämpfung dienen. Dann würde der Begriff «Katze» in einem anderen «Bezugssystem» (1,19) und damit in einer anderen Begriffspyramide stehen.

2,6. Jetzt können wir verstehen, was in der Logik als «Definition» gilt: wenn ein Begriff definiert werden soll, so muß sein Ort in einer solchen Begriffspyramide angegeben werden. Dazu gibt man den Begriff an, der in der Reihe über ihm steht, d.h. den «übergeordneten» Begriff, und dann die ihm allein zukommenden Merkmale, die ihn von allen Begriffen der gleichen Reihe unterscheiden. Damit ist dann sein «logischer Ort» genau bestimmt. Zum Beispiel: Ein Bett ist ein Möbelstück (übergeordneter Begriff), das eine zum Ruhen eines menschlichen Körpers geeignete Form hat (spezifischer Unterschied zu anderen Möbelstücken).

Anmerkung: Wenn wir hier in den Beispielen bisweilen von «Dingen» oder «Lebewesen» gesprochen haben, dann sind für die Denkoperationen natürlich immer die *Begriffe* von Dingen oder Lebewesen gemeint, nicht diese selbst.

2,7. Hier müssen wir eine weitere Überlegung anstellen, die sich noch mehrfach als wichtig erweisen wird: Die Definition des Begriffes «Mensch» lautet in der griechischen Philosophie so: Der Mensch ist ein Wesen, das mit Vernunft begabt ist. So lautet die landläufige deutsche Übersetzung dieses griechischen Satzes. Aber sie ist an zwei Stellen ungenau. Zunächst müßte es heißen: Der Mensch ist ein *Lebewesen;* denn das griechische Wort heißt ζõον, und das bedeutet alles Lebendige, aber meistens «Tier» (wie im Lateinischen «animal»), so daß dadurch deutlich der Begriff «Mensch» unter den Oberbegriff «Tier» eingeordnet (subsumiert) wird. Ferner ist die Übersetzung «Vernunft» nicht genau; das griechische Wort an dieser Stelle ist λόγοζ (Logos), und das bedeutet sowohl Denken wie Sprechen. Die genaue Übersetzung müßte also lauten: Der Mensch ist ein Lebewesen, das Denken und Sprache besitzt.

Warum müssen wir auf diesen Unterschied so großen Wert legen? Nun, wenn wir die Frage: Was ist der Mensch? beantworten wollen und uns dabei an die noch heute gültige Definition halten, müßten wir alle Merkmale aufzählen, die einem Lebewesen, genauer: einem

«Tier» zukommen. Das ergäbe gewiß eine sehr große Anzahl von Merkmalen, die unser Menschsein entscheidend bestimmen. Demgegenüber wird in der Definition ein einziges »spezifisches« Merkmal genannt: Denken und Sprechen. Daraus ergibt sich, daß die große Zahl der Merkmale des Oberbegriffs «Tier» eine weitaus größere Mächtigkeit hat als das eine unterscheidende Merkmal Denken und Sprache. Diese Tatsache wird aber verwischt, wenn der Mensch als ein «Wesen, das mit Vernunft begabt ist» und dann auch noch verkürzt als «Vernunftwesen» deklariert wird; denn dieser fast inhaltsleere Begriff «Wesen» verschwindet fast ganz hinter dem gewaltigen Vorzug, den man mit dem Begriff «Vernunft» dem Menschen zuschreibt und den man als sein eigentliches Wesen bezeichnet. Damit ist er «die Krone der Schöpfung» und – wie viele Philosophen meinen – ein Wesen «besonderer Art».

2,8. Wenn wir von einer Spitze der Pyramide gesprochen haben, so werden wir sofort selber einwenden müssen, daß in unserem Beispiel der Allgemeinbegriff «Tier» keine absolute Spitze sein kann; denn mindestens «Tier» und «Pflanze» bilden ja zusammen wieder einen neuen «übergeordneten Begriff» «Lebewesen», und auch dieser Begriff zusammen mit den leblosen Dingen und allem, was überhaupt existiert, was «es überhaupt gibt», bildet schließlich einen letzten Begriff «Etwas überhaupt».

Bei näherem Zusehen müssen wir aber erkennen, daß wir damit eigentlich nur das zusammengestellt haben, was zur realen Welt gehört, was materiell vorhanden ist. Es «gibt» ja aber auch noch Liebe und Haß, Freundschaft und Feindschaft, Wahrheit, Schönheit, Güte. Zur materiellen Welt gehört das alles jedenfalls nicht; also können wir es nicht in unserer bisher aufgebauten Pyramide unterbringen. Aber trotzdem haben wir es doch mit «Begriffen» zu tun, die wir sicher auch in einer Pyramide anordnen können. Als «übergeordnete Begriffe» könnten wir dann vielleicht Ideen, Gefühle, Werte, Zwecke usw. setzen. Wir hätten dann ein Begriffssystem der geistigen und sittlichen Welt, der Welt der Gefühle und Werte in über- und untergeordneten Begriffen, also eine weitere Begriffspyramide.

Wenn wir nun versuchen, für diese beiden Pyramiden, die der realen Welt und die der «geistigen» Welt, eine gemeinsame Spitze zu finden, so könnte das wohl der Begriff «alles überhaupt Denkbare» sein; denn das ist das einzige Merkmal, das allen Begriffen ausnahmslos zukommt.

2,9. Wenn wir von den Merkmalen sprechen, müssen wir uns ja fragen, in welchem Verhältnis Merkmal und Begriff überhaupt stehen, ob ich z. B. jedes beliebige Merkmal jedem beliebigen Begriff zuordnen kann, ferner ob es Merkmale gibt, die einem Begriff wesentlich zukommen, die etwas über sein Wesen aussagen, andrerseits solche, die an dem mit dem Begriff bezeichneten Ding oder Lebewesen nur gelegentlich, nur zufällig festgestellt werden können. Ein Beispiel: Kommt einem Kreis das Merkmal «rund» wesentlich oder nur zufällig zu? Die Antwort ist klar: Das Merkmal «rund» ist für den Kreis wesentlich. Dagegen wäre das Merkmal «rot» für einen Kreis zufällig. Wir haben vorher (2,5) von «spezifischen» Merkmalen gesprochen. Dieser logische Fachausdruck besagt eben, daß es Merkmale sind, die die Eigenart der Begriffe ausmachen und für ihn wesentlich sind. Deshalb ist es nicht möglich, einem Begriff ein Merkmal zuzuschreiben, das im Widerspruch zu seinen spezifischen Merkmalen steht und diese ausschließt. Einem Kreis z. B. kann niemals das Merkmal «viereckig», der «Windstille» nicht das Merkmal «stürmisch» zukommen. Eine solche Verbindung, die rein sprachlich möglich ist, nennt man Widerspruch in sich. (Wenn wir hier einen Unterschied machen zwischen Begriffen und Merkmalen, so ist das eigentlich nicht ganz richtig; denn die Merkmale, die wir genannt haben: rund, viereckig, rot, stürmisch, sind ja auch Begriffe. Nur bezeichnen sie Eigenschaften, die eben als Merkmale mit anderen Begriffen verbunden werden können.)

2,10. Für die Denkoperationen ist noch eine andere Beziehung von Begriffen wichtig: wenn ich einen Begriff gebrauche und damit sage, daß im vorliegenden Fall eben dieser Begriff gilt, dann sage ich damit gleichzeitig, daß gewisse andere Begriffe nicht gelten, hier nicht gebraucht werden dürfen. Wenn ich z. B. sage: Dieses Tuch ist rot, dann ist damit zugleich gesagt, daß es nicht grün, nicht blau oder gelb ist. Durch die eine Tatsache «rot» werden also eine ganze Reihe anderer ausgeschlossen. Diese ausgeschlossenen Begriffe nennt man konträr; zwischen «rot» und den anderen Farben besteht ein *konträrer* Gegensatz.

Anders ist es, wenn es zu einem Begriff nur einen einzigen Gegensatz gibt: Ein Eisenbahnzug kann entweder stehen oder in Bewegung sein. Ein Drittes gibt es nicht. In diesem Falle spricht die Logik von einem *kontradiktorischen* Gegensatz. Am schärfsten tritt der kontradiktorische Gegensatz hervor in der Verneinung: Der Eisenbahnzug ist entweder in Bewegung, oder er ist nicht in Bewegung.

Der Vollständigkeit halber sollen noch Begriffspaare genannt werden, deren einzelne Begriffe nur Sinn haben, wenn beide zusammen gedacht werden können: Von einem «Ehemann» kann ich nur sprechen, wenn es auch eine dazu gehörige «Ehefrau» gibt. Dasselbe ist bei dem Begriffspaar «Eltern» und «Kinder» der Fall. In der Philosophie spielt das Begriffspaar Subjekt – Objekt eine große Rolle; doch davon später. Das klassische Beispiel hierfür ist das von dem deutschen Philosophen Hegel behandelte: «Herr und Knecht». «Knecht kann einer nur sein, wenn es einen Herrn gibt, dessen Knecht er ist. Aber auch umgekehrt: Von einem Mann, dem keiner zu gehorchen hat, kann man nicht sagen, er sei «Herr» in dem Sinne, den dieses Wort in der Wortverbindung «Herr und Knecht» hat. Solche Begriffspaare nennt man in der Logik *korrelative* Begriffe.

2,11. So viel über die Beziehungen der Begriffe untereinander. Für die eigentlichen Denkoperationen sind sie nicht mehr als das Handwerkszeug, das wir uns bisher nur bereitgelegt haben. Die wirkliche Arbeit beginnt jetzt erst.

Wir können auch sagen: Die Denkoperationen haben es nicht in erster Linie mit den Begriffen zu tun, sondern mit solchen Gedankengebilden, die über das, was ist, eine *Aussage* machen, eine Behauptung aufstellen, ein Urteil abgeben. Ich kann also sagen, *daß* etwas ist: Die Sonne scheint. Oder ich kann sagen, *was* etwas ist: Dieses Tier ist eine Katze. Mit diesen beiden Sätzen habe ich sagen wollen, daß das, was ich da ausgesagt habe, auch wahr ist; ich habe also eine Behauptung aufgestellt. Ebensogut kann ich aber auch eine Behauptung aufstellen, daß etwas nicht wahr, also falsch ist, nicht zutrifft: Die Sonne scheint nicht; dieses Tier ist keine Katze.

In allen diesen Sätzen kommt meine eigene Meinung, meine Auffassung, meine Überzeugung zum Ausdruck. Ob aber diese Sätze selber wahr sind, ob das, was ich gesagt, behauptet habe, in Wirklichkeit so ist, ist damit noch gar nicht entschieden. Es kann gut sein, daß diese Urteile falsch sind. Deshalb heißt ein Satz der Logik: Ein Urteil ist entweder wahr oder falsch.

Wir müssen hier zwei Bezeichnungen einführen, die alle weiteren Überlegungen erleichtern. In einem gesprochenen Satz unterscheidet man den Gegenstand, von dem etwas ausgesagt wird (das Subjekt, S), und das, was von ihm ausgesagt wird (das Prädikat, P), in unserem Beispiel: «Dieses Tier ist eine Katze», ist «dieses Tier» das Subjekt, S; «ist eine Katze» ist das Prädikat, P. Die Logik verwendet dafür die

Formel: S ist P. Diese Formel besagt also in unserem Beispiel, daß von dem Subjekt «dieses Tier» behauptet wird, daß die Aussage «ist eine Katze» richtig ist, der Wahrheit entspricht, also «wahr» ist. Das gilt auch für solche Sätze, in denen kein «ist» vorkommt: «die Sonne» (S) «scheint» (P), d. h. von der Sonne wird behauptet, daß im Augenblick der Zustand zutrifft, daß sie scheint. Wir können auch für diese Sätze die Formel verwenden: S ist P.

2,12. In der «klassischen» Logik nimmt die Lehre von den Urteilen einen breiten Raum ein. Hier wollen wir uns damit begnügen, als Beispiel eine Unterscheidung von Urteilen zu besprechen, die im Leben des Alltags von Bedeutung sein kann. Es handelt sich darum, daß die logischen Urteile ihrer *Geltung* nach nicht alle gleichwertig sind. Die Logik unterscheidet hier drei Stufen:

a) Daß 2 mal 2 = 4 ist, ist ein denknotwendiges Urteil, d.h. ein anderes Resultat ist undenkbar. Vielleicht könnte man auch sagen, es ist in der Struktur des Denkens so angelegt. Ein solches Urteil heißt in der Sprache der Logik *apodiktisch.*

b) Daß alle Fische durch Kiemen atmen, ist eine Tatsache, die von der Wissenschaft festgestellt worden ist. Es wäre aber durchaus denkbar, daß durch unerwartete Forschungen oder Entdeckungen die Zoologie gezwungen werden könnte, dieses Urteil zu revidieren. Ein solches bloßes Tatsachenurteil heißt in der Logik *assertorisch.*

c) Wenn es einem Richter nicht gelingt, einen Tatbestand restlos aufzuklären, dann kann sein Urteil nur lauten: Es ist möglich, daß der Angeklagte schuldig ist. Dieser muß dann wohl «wegen Mangels an Beweisen» freigesprochen werden. Die Geltungsart eines solchen Urteils (d.h. im logischen Sinn) heißt *problematisch.*

(Wir werden später sehen, daß diese problematischen Urteile eine große Bedeutung für die Entwicklung der Wissenschaften haben.)

Es ist nun besonders wichtig, scharf zwischen apodiktischen und assertorischen Urteilen zu unterscheiden. Der logisch nicht geschulte Mensch neigt leicht dazu, solche Tatsachenurteile (assertorisch), die durch lange Erfahrung erhärtet sind, von denen es noch nie eine Ausnahme gegeben hat, als «denknotwendig» anzusehen. Daß z.B. alle Menschen sterblich sind, ist natürlich ein reines Erfahrungsurteil, durchaus nicht (logisch) denknotwendig, auch wenn ich mir «etwas anderes nicht denken kann.»

Apodiktische Urteile haben natürlich die größte Beweiskraft. Wer also etwas beweisen will, wird versuchen, seine Beweisgründe als apodiktisch gültig hinzustellen, auch wenn sie lediglich auf Erfahrungen gestützt sind und nur den *Eindruck* erwecken, als wären sie denknotwendig gültig. Dieser Denkfehler ist einer der häufigsten im Alltag (vgl. 1,8 und 1,12). Wenn ich z. B. einem angeklagten Freund helfen will, würde ich vor dem Richter etwa sagen: «Es ist ganz undenkbar, daß dieser Mann als überzeugter Christ so gehandelt haben kann!» Ich würde also versuchen, den Richter zu folgender Gedankenkette zu überreden: Aus dem Begriff «überzeugter Christ» folgt mit Notwendigkeit die Anständigkeit als sein wesentliches Merkmal (vgl. 2,8). Da an der Eigenschaft dieses Mannes ‹überzeugter Christ› niemand zweifelt, muß daraus seine Anständigkeit «denknotwendig» folgen. Der logisch geschulte Richter wird sich aber kaum von diesem Denkfehler (oder sollen wir sagen: Trick?) imponieren lassen.

2,13. Damit haben wir noch nicht viel gewonnen; daß ein Urteil (ein Satz, eine Aussage) wahr oder falsch sein kann, wissen wir auch ohne «Logik». Wichtig wird nun aber die weitere Frage: Wie kann ich *erkennen,* ob eine Aussage wahr oder falsch ist? Auch das scheint zunächst ganz einfach zu sein: Ich kann es ja durch Nachprüfen feststellen; ein Blick aus dem Fenster genügt, um die Aussage: ‹die Sonne scheint› als wahr oder falsch bestätigt zu finden.

Nun ist unser Leben und damit unser Denken so vielschichtig, verwickelt und unübersichtlich, daß es immer schwieriger, meist sogar unmöglich ist, durch den bloßen Augenschein festzustellen, ob etwas wahr oder falsch ist. Wir sind darauf angewiesen, aus dem, was wir sehen oder sonst erfahren können, zusammen mit dem, was wir schon wissen, darauf zu *schließen,* ob das, was behauptet wird, wahr oder falsch ist. Und wenn es keine Möglichkeit gibt, sich nachträglich durch den Augenschein zu überzeugen, dann müssen wir uns darauf verlassen können, daß diese Denkoperation, das *Schließen,* uns alle Sicherheit für die Richtigkeit unseres Urteils über wahr oder falsch garantiert. Wir müssen untersuchen, ob das möglich ist.

Ein Beispiel: Alle Säugetiere atmen durch Lungen. Der Walfisch atmet durch Lungen. Also ist er ein Säugetier. Es handelt sich hier für uns um die Frage, ob die Denkoperation, durch die wir aus zwei Sätzen einen dritten abgeleitet haben, absolut richtig ist. Wir können das auch so formulieren: Wenn die beiden Sätze (man nennt sie in der Logik: Vordersätze oder Prämissen) richtig sind, dann ergibt sich daraus zwingend die Richtigkeit des dritten Satzes (des Schlußsatzes, der «Conclusio»). Es handelt sich also nur um die formale, um die logische «Wahrheit» des Schlußsatzes. Ob die beiden Vordersätze (objektiv, tatsächlich) wahr sind, ist keine Frage der Logik, sondern muß von einer anderen Instanz, in diesem Falle der Zoologie, entschieden werden. Wir haben hier ein einfaches Beispiel derjenigen Denkoperation, die man das «Schlußverfahren», oder mit dem griechischen Fachausdruck «Syllogismus» nennt. Wieder ist es Aristoteles, auf den die Untersuchung und Ausgestaltung dieses Verfahrens zurückgeht.

2,14. Selbstverständlich ist es nicht so, daß aus zwei *beliebigen* Sätzen, selbst wenn beide wahr sind, ein wahrer dritter Satz abgeleitet werden kann. Die in den Vordersätzen (den Prämissen) verwendeten Begriffe müssen natürlich in einem Sachzusammenhang stehen, damit es überhaupt möglich ist, sinnvolle Beziehungen zwischen ihnen herzustellen. Wir wollen uns das an einem Beispiel klarmachen, das in der Geschichte der Logik immer wieder verwendet worden ist:

Alle Menschen sind sterblich
Sokrates ist ein Mensch
___
Sokrates ist sterblich

Das ist das Schema eines logischen Schlusses, in der Sprache der Logik also: eines Syllogismus.

Wir stellen zunächst fest, daß in den drei Sätzen nicht mehr als drei Begriffe verwendet sind: Mensch, Sokrates, sterblich. Das ist die Voraussetzung dafür, daß ein solcher Schluß überhaupt möglich, zum mindesten: daß er gültig ist. Nun brauchen wir für die beiden Prämissen, die ja Sätze nach dem Muster ‹S ist P› sind, zwei Subjekte und zwei Prädikate, also im ganzen vier Begriffe! Da wir im Schluß aber nur drei Begriffe verwenden dürfen, ergibt sich, daß in den Prämissen *ein* Begriff doppelt vorkommen muß. Man nennt diesen Begriff, weil er gewissermaßen den Zusammenhang zwischen den Prämissen vermittelt und dadurch den logischen Schluß überhaupt erst ermöglicht, den «Mittelbegriff» (M).

Dieser Mittelbegriff muß also unter allen Umständen in beiden Prämissen absolut gleich, ‹identisch› sein, wenn ein gültiger Schluß möglich sein soll.

Man hat das in einem Schema verdeutlicht. (Wir wissen: S = Subjekt, P = Prädikat, M = Mittelbegriff.)

M – P Mensch – sterblich
S – M Sokrates – Mensch
———————————————
S – P Sokrates – sterblich

2,15. Wir werden sogleich sehen, wie wichtig es ist, gerade diese Bedingung zu kennen, die für einen gültigen Schluß nötig ist. Wenn wir uns nämlich fragen: Was geschieht, wenn in den Prämissen der Mittelbegriff (M) *nicht* identisch ist, wenn er also vielleicht nur ähnlich ist, wenn da vielleicht sogar dasselbe Wort steht, das aber im Zusammenhang der beiden Sätze verschiedene Bedeutungen hat (vgl. 1,18), müssen wir vermuten, daß dann entweder überhaupt kein Schluß möglich ist oder er falsch sein muß. An einem krassen Beispiel wird das sofort klar:

‹Was grün ist, ist für das Auge angenehm.›
‹Unser Fritz ist noch ein grüner Junge.›
———————————————
‹Also ist unser Fritz für das Auge angenehm.›

Daß das barer Unsinn ist, ist klar; aber warum?

Wir haben doch in beiden Prämissen denselben Mittelbegriff ‹grün› verwendet; also müßte der Schluß doch gültig sein! Aber gerade das ist falsch; wir haben zwar dasselbe *Wort* verwendet, aber dasselbe Wort hat in beiden Fällen verschiedene *Bedeutung!* Es liegen also ganz verschiedene ‹Begriffe› vor, d.h. der Mittelbegriff ‹grün› ist in den beiden Prämissen eben nicht ‹identisch›. Das ist der Grund für den unsinnigen Schluß.

In der Sprache der Logik heißt dieser falsche Schluß «quatérnio terminórum», zu deutsch etwa: Vierfachsetzung der ‹Termini› (Begriffe) in den Prämissen, da in den Prämissen eben nicht nur drei, sondern vier Begriffe verwendet sind.

2,16. Wir müssen uns gerade mit diesem logischen Fehler ganz vertraut machen, weil man sich davor schützen muß, durch Trugschlüsse irregeführt zu werden, Scheinbeweisen zum Opfer zu fallen und sich so ‹manipulieren› zu lassen. Dabei können wir den Fehler meist nicht so leicht durchschauen wie in unserem Beispiel: Wer ein Interesse daran hat, andere zu täuschen, kann es in der Kunst der Trugschlüsse weit bringen, so daß er schließlich «alles beweisen» kann. Die größte Gefahr liegt dabei in der Verwendung solcher abstrakten Begriffe, die nicht eindeutig festgelegt, definiert sind und die in verschiedenem Zusammenhang verschieden ausgelegt werden können. Besonders beliebt ist die Verwendung solcher Begriffe im diplomatischen Verkehr, wo derjenige, der einen scheinbar günstigen Vertrag anbietet, mit Vorliebe solche Begriffe verwendet, die er später bei passender Gelegenheit leicht umdeuten kann so, wie er sie zu seinen Gunsten braucht. Solche Abstrakta eignen sich nämlich besonders für die Verwendung von mehrdeutigen Mittelbegriffen und damit für Trugschlüsse. An folgendem Beispiel soll das klar werden (vgl. 1,18):

‹Die Demokratie ist eine Staatsform, in der alle Menschen gleichberechtigt und frei sind:
Der Staat ist eine Demokratie:

Folglich sind im Staat alle Menschen gleichberechtigt und frei.›

Falls sich herausstellt, daß dieser Schlußsatz falsch ist, müssen wir den Mittelbegriff ‹Demokratie› unter die Lupe nehmen. In der ersten Prämisse ist ‹Demokratie› ein Begriff der Staatsphilosophie, von dem ein spezifisches Merkmal ausgesagt wird: in ihr sind alle Menschen gleichberechtigt und frei (vgl. 2,9).

In der zweiten Prämisse wird lediglich die eigene Behauptung des Staates wiedergegeben, eine ‹Demokratie› zu sein, ohne daß dabei auf eine staatsphilosophische Definition Bezug genommen wird. Würde der Staat auf eine solche Definition, d. h. auf Angabe der spezifischen Merkmale hin, befragt, so würde sich wahrscheinlich ergeben, daß der Mittelbegriff ‹Demokratie› in den beiden Prämissen nicht identisch ist. Dann läge eine «quaternio terminorum» vor: Der Schlußsatz wäre falsch.

Solche Trugschlüsse sind in der politischen Diskussion an der Tagesordnung. Dadurch, daß man mit mehr- oder vieldeutigen Abstrakta arbeitet, erleichtert man sich die Täuschung.

2,17. Der Sinn unserer bisherigen Betrachtungen über Denkoperationen war der, die Richtigkeit von Sätzen zu beweisen, wenn wir keine Möglichkeit haben, uns einfach durch den Augenschein zu überzeugen. Von den vielen möglichen Formen solcher Beweise, die ein besonderes Studium erfordern, wollen wir hier nur zwei behandeln, weil wir sie bei späteren Überlegungen brauchen werden. Wir verstehen diese beiden Beweisformen am besten, wenn wir uns vorstellen, daß wir uns auf einer bestimmten Stufe unserer ‹Begriffspyramide› (vgl. 2,5) befinden, auf der z. B. der Begriff «Tier» steht. Wir wissen, daß dieser Begriff alle Merkmale einschließt, die eben für ein Tier spezifisch sind. Gehe ich nun eine Stufe auf der Begriffspyramide herunter, so finde ich eine Reihe von Tierstämmen, denen alle Merkmale zukommen, die dem Oberbegriff ‹Tier› zukommen. Daher kann ich den folgenden Schluß bilden:

‹Alle Tiere brauchen organische Nahrung
Die Vögel sind Tiere
___
Also brauchen die Vögel organische Nahrung›

Dieser Schluß ist absolut zwingend. Man nennt diese Schlüsse, weil sie vom Oberbegriff zu einem «Unterbegriff» hinabführen, Deduktionsschlüsse.

Anders liegt der Fall, wenn ich nicht hinunter, sondern hinaufsteigen will. Hier versuche ich, von den beobachteten Merkmalen der Begriffe derselben Reihe auf die Merkmale der übergeordneten Reihe zu schließen. Dabei besteht aber die Schwierigkeit, daß ich nicht von vornherein entscheiden kann, ob die Merkmale, die ich festgestellt habe, spezifische oder nur zufällige (vgl. 2,9) sind; z. B. man hatte früher immer nur weiße Schwäne gesehen und hatte festgestellt: ‹Alle Schwäne sind weiß.› Man hatte das weiße Gefieder als ein spezifisches Merkmal angesehen. Als man aber in Australien schwarze Schwäne kennenlernte, war dieser allgemeine Satz als falsch erwiesen. Daraus ergibt sich, 1. daß diese Schlüsse, die vom Einzelnen zum Allgemeinen hinführen sollen (und deshalb Induktionsschlüsse heißen) immer nur unter Vorbehalt gelten, d. h. Wahrscheinlichkeitsbeweise sind, und daß 2. ein einziger entgegengesetzter Fall die Gültigkeit des ganzen Satzes vollständig aufhebt. Trotzdem haben diese Induktionsschlüsse, wie wir sehen werden, für die wissenschaftliche Forschung die größte Bedeutung.

2,18. Wir haben gehört (2,4), daß die traditionelle Logik in neuerer Zeit durch ganz neuartige Operationen erweitert worden ist und daß dieses System im Gegensatz zu Logik ‹Logistik› genannt wird. Auch diese neue Form von Denkoperationen erfordert – wenn man sie beherrschen und gebrauchen will – ein langes Studium. Wir begnügen uns hier mit dem Versuch, zu verstehen, welchen Sinn dieses neue System hat.

Wir hatten immer wieder feststellen müssen, daß die Begriffe, die sich auf die Worte der Sprache stützen, mehr oder weniger unscharf, mehrdeutig, oft vieldeutig sind und daß deshalb beim Gebrauch der Sprache die Verständigung so schwierig, oft unmöglich ist. Diese Unschärfe und Unsicherheit mußte im Zeitalter der Technik, wo es auf äußerste Präzision ankommt, überwunden werden; man mußte versuchen, auch komplizierte und komplexe Aussagen so exakt und absolut zuverlässig zu machen, wie die mathematischen Aussagen sind. Man nennt deshalb das neue System auch mathematische Logik; denn die Form ihrer Aussagen erinnert an mathematische Aufgaben und Gleichungen. Wir finden da überhaupt keine Worte mehr, sondern nur noch einzelne Buchstaben wie in der Algebra (die aber nicht etwa Teile bestimmter Worte sind!). Diese einzelnen Buchstaben (meist werden die Buchstaben p, q, r verwendet) stehen vielmehr an Stelle ganzer Sätze, und die Zeichen zwischen diesen Buchstaben geben die Beziehung an, durch die die Aussagen miteinander verbunden sind.

Zum Beispiel $p \rightarrow q$. Das bedeutet dasselbe wie: p ist gleich q. Dabei ist also ganz gleichgültig, was mit p und mit q gemeint ist. Das bedeutet, daß der Inhalt der Aussage gar nicht mehr interessiert, sondern nur noch die Beziehungen zwischen mehreren Aussagen. Dabei kommt es nur auf die Frage an, ob eine Folgerung oder ein Schluß aus mehreren Sätzen wahr oder falsch ist. Der Vorteil solcher logischen Formeln besteht darin, daß sie ohne Rücksicht auf den Inhalt der einzelnen Sätze gelten, also genauso allgemein angewendet werden können, wie in der Algebra die Gleichungen, deren einzelne Glieder Buchstaben sind, immer gelten, gleichgültig, welche Zahlen man an die Stelle der Buchstaben einsetzt.

Damit ist aber in keiner Weise gesagt, daß durch dieses rein formalistische System die traditionelle Logik überflüssig oder gar falsch würde, wie manche Logistiker behaupten. Für das tägliche Leben hat jedenfalls die Logistik bei weitem nicht die Bedeutung, die – wie wir gesehen haben – die Logik besitzt; denn wir verständigen uns ja mit unserem Partner im allgemeinen durch Worte der Sprache und nicht durch mathematische Zeichen.

2,19. Wenn wir die Denkoperationen behandeln, müssen wir auch von einer Denkform sprechen, die in der Philosophie unserer Zeit eine immer größere Rolle spielt. Wir haben schon (1,17) erwähnt, daß jede Diskussion, jede Debatte ebenso wie jeder Dialog den Sinn haben, daß verschiedene, meist gegenteilige Meinungen gegeneinander abgewogen werden, sich miteinander messen, im Idealfalle mit dem Ziel, die «Wahrheit» zu finden.

Angefangen hat diese Erkenntnis aber eigentlich mit dem Gegenteil: In Griechenland hatte sich zur Zeit des Sokrates und Platons um 400 vor Christi Geburt die Kunst herausgebildet (vgl. 2,16), den Gegner oder die Menge der Zuhörer gerade nicht zur «Wahrheit» zu führen, sondern durch Trugschlüsse in ihrem Denken so zu lenken (zu ‹manipulieren›), daß sie von der Richtigkeit der ihnen vorgetragenen Meinung überzeugt sein mußten. Die Vertreter und Lehrer dieser ‹Kunst› waren die ‹Sophisten›. Daher nennt man noch heute eine trügerische Beweisführung ‹sophistisch›.

Es war also eine Abart des ‹Dialogs›, aber in der Methode mit diesem verwandt. Deshalb nannte man diese Kunst «Dialektik». Sokrates und Platon bekämpften diese betrügerische Kunst, indem sie die echte Dialektik entwickelten und lehrten: durch ehrliche Rede und Gegenrede zur Wahrheit zu kommen.

Das heißt nun nicht, daß dieser dialektische Prozeß immer sein Ziel erreichen muß; vielmehr stellt sich oft heraus, daß es so etwas wie einen eindeutigen «wahren» Sachverhalt nicht gibt, daß die Gegensätze durch den Dialog gar nicht «aus der Welt zu schaffen» sind, weil sie eben in ihr liegen und hingenommen werden müssen. In neuerer Zeit hat man nun gerade diese Gegensätzlichkeit im menschlichen Denken erkannt und untersucht. Und eigentlich ist sie es ja, die unser Denken in Gang bringt – schon wenn wir jeder still für sich über ein Problem nachdenken. Denn wer ehrlich für sich um die Wahrheit ringt, wird sich die Einwände, die ihm sonst im Gespräch mit einem Partner entgegengehalten würden, selber vorhalten und ist damit auf dem Wege des echten dialektischen Denkens. Aber nun ging man weiter und stellte fest, daß doch eigentlich die ganze Natur und vor allem die Geschichte eine durchgehende Gegensätzlichkeit aufweisen, daß in der Natur alles Leben geradezu davon abhängig ist, daß solche Gegensätze bestehen und daß auch in der Geschichte der Gegensatz die treibende Kraft ist.

Dieser Gedanke wurde von dem deutschen Philosophen Hegel (1770–1831) weiterentwickelt: der dialektische Gegensatz wurde als die Form alles Geschehens, vor allem in der Geschichte, gedeutet. Aus einem Zustand (These) entwickelt sich dessen Gegensatz (Antithese), und aus beiden – gewissermaßen auf einer höheren Ebene – entsteht das Neue (Synthese), das zwar anders ist als die beiden ersten

Stufen, aber doch wesentliche Elemente von beiden enthält. Beispiele für diese Theorie werden wir in anderem Zusammenhang kennenlernen.

2,20. Wenn es richtig ist, daß es nicht nur ein dialektisches Denken, sondern auch ein dialektisches Geschehen gibt, dann müßten sich nicht nur für das menschliche Denken, sondern auch für sein Handeln in dieser Welt der Gegensätze wertvolle Grundsätze aufstellen lassen. (Darüber wird später noch mehr zu sagen sein; hier soll nur zur Verdeutlichung ein Beispiel gebraucht werden.) Man hat behauptet, daß alle Fehlentwicklungen und Fehlhaltungen eines Kindes einzig und allein auf Erziehungsfehler zurückzuführen seien, und wollte damit die Möglichkeit ausschließen, daß angeborene, vererbte Anlagen dabei eine Rolle spielen. Aber abgesehen davon, daß sich das wohl in keinem Einzelfall einwandfrei nachweisen läßt, hat eine solche prinzipielle Einstellung vor allem den Nachteil, daß man von vornherein für eine *andere* Auffassung, für eine Korrektur des eigenen Standpunktes die Augen verschließt; denn man ist durch das «Prinzip» gebunden, ja geradezu blind gemacht. Hier gilt auch das, was wir (1,12) über das Vorurteil gesagt haben: man sieht nur noch die Fälle, die die Richtigkeit des Prinzips bestätigen.

So richtig es ist, ein Ziel «fest im Auge zu haben», «sich nicht beirren zu lassen», so falsch wäre es, immer nur *ein* Prinzip absolut zu setzen. Im Gegenteil: Wenn Hegel mit seiner Auffassung recht hat, dann muß jeder bestehende Zustand das Resultat (die Synthese) von zwei vorangegangenen Gegensätzen (These und Antithese) sein. Danach muß man annehmen, daß sich wohl kaum ein Zustand aus einem einzigen Prinzip erklären läßt, sondern – um es einmal ganz einfach auszudrücken – aus dem Zusammen- bzw. Gegeneinanderwirken gegensätzlicher Prinzipien. Aus diesem Grunde sollte man sich nie mit einer Erklärung aus *einem* Prinzip zufriedengeben, sondern auch das Gegenprinzip zur Kontrolle heranziehen.

Denken wir einmal darüber nach, was sich alles ändern würde, wenn jeder von uns nach dieser Einsicht handeln wollte: Sobald jemand nicht auf *seinem* Prinzip beharrt, sondern bereit wäre, mit der Möglichkeit zu rechnen, daß auch das Gegenteil zutreffen könnte – wieviel Streit, Feindseligkeit und Kampf könnte vermieden werden! Überhaupt liegt in dieser Einsicht die Wurzel jeder Art von Toleranz.

(3) Was kann ich von der Welt wissen?

3,1. Unsere neue Frage: Was kann ich von der Welt wissen? läßt sich eigentlich schnell beantworten: Alles, was ich aus meiner eigenen Erfahrung weiß und was ich von anderen lernen kann; d.h. letzten Endes alles, was die Menschen im Laufe der Zeit an Wissen von der Welt zusammengetragen haben. Nun, so kann unsere Frage nicht gemeint sein; sie will ja eine philosophische Frage sein, und Philosophie ist, wie wir wissen, immer auf ein Ganzes bezogen. Da aber unsere Erfahrung ein Wissen von Einzelheiten ist, müssen wir, um zum «Ganzen» zu kommen, weiterfragen, und das ist das eigentlich philosophische Fragen.

Aber wie geht das vor sich? Wie kann ich überhaupt zu einem Wissen von der Welt kommen? Was heißt das überhaupt: Wissen *von* etwas? Was geschieht eigentlich, wenn ich Wissen «erwerbe»? Was muß ich beachten, um ein sicheres Wissen zu erwerben? Kann ich alles wissen, was ich wissen möchte, und wenn nicht, warum nicht? Sind also meinem Wissen Grenzen gesetzt, und welche? Und bei jeder einzelnen dieser Fragen würde sich ergeben, daß das «Weiterfragen» kein Ende nimmt; denn in jeder Antwort liegt der Keim einer neuen Frage. Aber wir lassen uns nicht entmutigen, da wir ja ohnehin wissen, daß das philosophische Fragen nie zu einem Ende kommt.

3,2. Was ist das nun aber: Die «Welt», von der wir etwas wissen wollen? Auch auf diese Frage haben die Philosophen die verschiedensten Antworten gegeben. Wir könnten einfach sagen: Die Welt ist alles, was überhaupt ist. Dann gehören wir aber mit unserem Körper und mit unserem ganzen Denken auch zur Welt. Daran ist kein Zweifel.

Wenn wir nun aber «über» die Welt nachdenken, ein Wissen «von» ihr gewinnen wollen, müssen wir doch gewissermaßen aus ihr heraustreten, uns ihr gegenüberstellen, sie für uns zum «Gegenstand» machen. Dann wird sie uns zum «Objekt», während wir das «Subjekt» sind. Ist das überhaupt möglich?

Jedenfalls müssen wir jetzt unseren Begriff «Welt» etwas anders fassen, etwa so: Welt ist alles, was außer mir da ist. Aber mein Körper gehört ja immer noch zur Welt, über die ich nachdenke, kann also auch «Objekt» sein. Hier kann uns vielleicht unsere Thema-Frage weiterhelfen, wenn wir sie genau nehmen. Wir fragten ja: Was kann *ich* von der Welt wissen? Was bleibt also als «Subjekt» übrig, dem alles andere als «Objekt» gegenübersteht? Es ist eben das «Ich», das ein Wissen von der Welt erwerben möchte.

Nun wollen wir aber einmal vorläufig nicht weiterfragen, was dieses «Ich» nun wieder ist; wir kämen sonst in ein Gebiet der Philosophie, das voll der schwersten Probleme ist. (Vielleicht werden uns diese später noch beschäftigen.)

3,3. Wie geht das vor sich? Wir sagten ja, daß wir ein Wissen von der Welt zunächst aus unserer eigenen Erfahrung gewinnen. Wie kommt nun aber «Erfahrung» zustande?

Wenn wir uns überlegen, daß schon ein Säugling beginnt, auf seine Umgebung so zu reagieren, daß seine Bedürfnisse befriedigt werden, so handelt es sich hier um erste Erfahrungen, die natürlich völlig unbewußt, also noch kein «Wissen» sind. Mithin gewinnt der Mensch, lange bevor er sich dessen bewußt ist, ein unmittelbares Verhältnis zu seiner «Umwelt», d.h. zu dem Teil der «Welt», der für das Leben und das Fortbestehen eines organischen Wesens von entscheidender Bedeutung ist. Mit dieser Umwelt ist das Lebewesen sozusagen verwachsen; es findet ein ständiger Austausch mit ihr statt: im Atmen, in der Nahrungsaufnahme, im Schutzbedürfnis, in der Abwehr von Gefahren usw. Die Erfahrung ist gewissermaßen die Klammer, durch die das Lebewesen mit seiner Umelt verbunden ist.

In dem Maße, wie sich beim Menschen das Denken entwickelt, wird er sich dessen bewußt, was die Umwelt für ihn bedeutet, und schließlich wird die Erfahrung selbst für ihn Gegenstand seines Nachdenkens. Er fragt nach tieferen Ursachen und größeren Zusammenhängen, gewinnt allmählich ein Wissen aus der denkenden Verarbeitung seiner bisherigen Erfahrungen und bringt es zwecks besserer Übersicht in ein System.

3,4. Wir wollen also feststellen: Der Grundstock alles Wissens von der Welt sind die Erfahrungen, die der Mensch selbst erworben, aber von Anfang seines Lebens an auch immer von anderen übernommen hat: erst durch Gewöhnung und Nachahmung, dann durch Erziehung und Belehrung, und schließlich durch Lernen und Studium.

Je weiter sich das Wissen des Menschen ausdehnt und differenziert, je mehr es dem Menschen gelingt, das einzelne Wissen von der

Welt in eine systematische Ordnung zu bringen, in den Erfahrungen Gesetzmäßigkeiten aufzufinden, die dann auch für weitere Bereiche gelten, so daß er mit ihrer Hilfe voraussagen und vorausberechnen kann, was kommen wird, um so mehr kann er die Fesseln, die ihn mit der Umwelt verbinden, lockern. Sein Blick weitet sich gewissermaßen über die enge Umwelt hinaus: er gewinnt ein «Bild» von der Welt, das ihn befähigt, sich ihre Gesetze dienstbar zu machen und damit zum «Herrn der Welt» zu werden.

Man hat gesagt, daß das Tier «Umwelt», der Mensch aber «Welt» habe. Das kann jedoch nur in dem Sinne gelten, daß der Mensch die *Fähigkeit* hat, «Welt» als Gegenstand zu denken, während das Tier der Umwelt verhaftet bleibt. Aber auch der Mensch kann sich als Lebewesen nicht beliebig aus seiner Umwelt herauslösen, und insofern «hat» auch er Umwelt, genauso wie das Tier. Denn nicht das *Wissen* davon, daß es in der «Welt» Licht, Luft, Wasser, Nahrung gibt, ist für ihn lebenswichtig, sondern einfach die *Tatsache,* daß das alles in seiner «Umwelt» vorhanden, ihm zuhanden, d.h. für ihn verfügbar ist.

3,5. Es scheint, daß man in der Philosophie die Tatsache, daß auch der Mensch wie alle Lebewesen in eine ihm gemäße Umwelt eingepaßt ist, zuwenig beachtet hat. Das dürfte damit zusammenhängen, daß der Mensch eben in erster Linie als «Vernunftwesen» (vgl. 2,7) gedeutet wird, das über eine solche Bindung an die Umwelt erhaben sein müßte. Man spricht zwar von einem «Milieu» und meint damit die Umgebung, die auf die Entwicklung eines Menschen einen entscheidenden Einfluß ausübt; aber man denkt doch dabei vorwiegend an die Einwirkungen, die der Mensch von anderen *Menschen,* von der Gesellschaft, von den geltenden Ansichten, von den Regeln und den Einrichtungen erfährt, die das Zusammenleben bestimmen. Der Begriff Umwelt meint aber mehr die ursprünglichen, unmittelbaren Gegebenheiten der Natur, die sein Leben dadurch ermöglichen, daß er sein Verhalten auf sie einstellt.

Dieses Verhalten ist aber durchaus nicht immer davon abhängig, daß der Mensch über ein entsprechendes *Wissen* verfügt und erst darüber nachdenken müßte, wie er in dem betreffenden Augenblick handeln muß. Vielmehr haben sich beim Menschen im Umgang mit der Natur ganz bestimmte Reaktionen und Verhaltensweisen herausgebildet, die meist völlig unbewußt verlaufen. Dazu gehört schon die große Zahl von rein körperlichen Reflexbewegungen und Reaktionen, aber auch gewohnheitsmäßiges Handeln in fast allen Lebensbereichen, und es wäre schlimm, wenn wir in jedem Augenblick unser «Wissen» befragen müßten, um das Richtige und Zweckmäßige zu tun.

(Es war wohl nötig, von diesem unmittelbaren Kontaktverhältnis zur Umwelt zu sprechen, damit nicht das Mißverständnis entsteht, der Mensch brauche in jedem Fall ein «Wissen» von der Welt, um leben und handeln zu können.)

3,6. Wir müssen nun zu unserer Frage zurückkommen, vielmehr zu unserem Fragenkomplex (3,1) über die Art und Weise, wie ein Wissen von der Welt erworben wird, welche Bedingungen dafür erfüllt sein müssen und welche Grenzen meinem Wissen gesetzt sind. Es handelt sich also dabei um den *Vorgang,* der zum Wissen führt, d.h. um das Erkennen. Das Ergebnis dieses Vorganges heißt dann Erkenntnis. Wir haben es also mit dem zu tun, was in der Sprache der Philosophie Erkenntnislehre oder Erkenntnistheorie heißt (Epistemologie).

Am besten nähern wir uns diesem philosophischen Problem, wenn wir uns einer Autorität anvertrauen, mit deren Erkenntnistheorie man sich noch heute, nach fast 200 Jahren, immer wieder auseinandersetzt. Es ist Immanuel Kant, der Königsberger Philosoph, der im Jahre 1781 in seiner «Kritik der reinen Vernunft» sich die Aufgabe gestellt hat, «den Ursprung, den Umfang und die objektive Gültigkeit der Erkenntnis» zu untersuchen. Wie kommt Erkenntnis zustande? Das ist die Ausgangsfrage für Kant.

Zunächst geht von einem Gegenstand der Außenwelt eine Wirkung auf unsere Sinnesorgane aus. Das nennt Kant «Empfindung». Wir können darunter einfach die Reize verstehen, die unsere Sinne aufnehmen. Die Empfindungen werden zur Wahrnehmung, wenn sich im Bewußtsein die Gestalt des Gegenstandes der Außenwelt bildet, von dem die Reize ausgegangen sind. Nun wird also der Gegenstand «wahrgenommen». Aus der unendlichen Fülle der Wahrnehmungen, die der Mensch ununterbrochen macht, die er sammelt und ordnet, miteinander vergleicht und in Beziehung setzt, entsteht das, was man in der Erkenntnislehre «Erfahrung» nennt.

In diesen drei Stufen: Empfindung, Wahrnehmung, Erfahrung gewinnt also der Mensch das, was wir «Wissen» nennen, und zwar sind an diesem Vorgang sowohl die Sinneswerkzeuge wie die Verstandeskräfte beteiligt; denn das Ordnen, Vergleichen, Zusammenfassen sind nicht mehr Sache der Sinneswerkzeuge. (Kant: Erfahrung ist das erste Produkt unseres Verstandes.)

3,7. Nun, dieser Vorgang scheint ganz einleuchtend und einfach zu sein; in Wirklichkeit steckt er aber voller schwerer Probleme. Die überlassen wir vorläufig den Fach-Philosophen. Wir wollen uns nur auf einige Tatsachen besinnen, die wir beachten müssen, wenn wir beurteilen wollen, wieweit dieser Erkenntnisvorgang zuverlässig ist.

Wir haben uns ja vorgenommen, darüber nachzudenken, ob es Grenzen unserer Erkenntnis gibt und welche; dazu gehört, daß wir auch nach den Bedingungen fragen, die Erkenntnis erst möglich machen; denn von diesen hängt es ja ab, wieweit unsere Erkenntnis überhaupt reicht.

Stellen wir uns vor, es wäre plötzlich absolute Finsternis um uns, und auch nicht der geringste Lichtstrahl gäbe uns die Möglichkeit, etwas zu sehen. Stellen wir uns nun umgekehrt vor, alles wäre in bloßes Licht getaucht, und es gäbe nicht den geringsten Schatten. In beiden Fällen hätten wir keine Möglichkeit, überhaupt etwas wahrzunehmen, auch im zweiten Fall nicht, da wir nur dann etwas «wahrnehmen» können, wenn es in verschiedenen Abstufungen dem Licht Widerstand leistet, wodurch erst «Gestalten» entstehen. Dieses Zusammenspiel von Licht und Schatten macht überhaupt erst das aus, was wir die «Normen» der Dinge nennen. Hier haben wir also eine der Bedingungen unserer Wahrnehmung. In ähnlicher Weise ist die Luft die Voraussetzung dafür, daß wir Geräusche und Töne wahrnehmen können. Die «Dinge» müssen ferner im Raume sein wie wir selber; sie sind für uns undurchdringlich, sie setzen uns, den Lebewesen, einen Widerstand entgegen, sie stehen uns gegenüber und werden dadurch «Gegenstände» für uns. Sie haben ein bestimmtes Gewicht, das davon abhängig ist, wie groß sie sind und aus welchem Stoff sie bestehen. Kurz: Wenn Sinnesempfindungen und Wahrnehmungen möglich sein sollen, muß die Außenwelt ganz bestimmte physikalische Eigenschaften haben, damit sie als «Objekt» auf uns als die «Subjekte» wirken kann. Wir können auch sagen: Die Außenwelt muß bestimmte «Qualitäten» haben. Aber diese Qualitäten machen zum Teil im Wahrnehmungsakt ganz merkwürdige Veränderungen durch: Bekanntlich sehen wir Farben und hören Töne; aber wir wissen, daß den Farben physikalisch Lichtwellen verschiedener Länge und den Tönen ebenso verschieden lange Luftschwingungen entsprechen. Diese Qualitäten, die nur für ein wahrnehmendes Lebewesen existieren, hat man deshalb «sekundäre Qualitäten» genannt zum Unterschied von den an den Dingen physikalisch nachweisbaren «primären» Qualitäten, wie z. B. Ausdehnung, Bewegung, Widerstand.

Streng genommen müssen wir auch die Wärme zu den «sekundären Qualitäten» rechnen, da physikalisch nur Bewegungen der Moleküle nachweisbar sind, die in einem Lebewesen die Wärmeempfindung verursachen.

Bei den sekundären Qualitäten wird so recht deutlich, wie eng die Grenzen unserer Wahrnehmung gezogen sind: Mit unseren Augen können wir nur solche Lichtquellen sehen, denen das Farbenspektrum von Violett bis Rot entspricht, und ebenso hat die Tonskala eine untere und eine obere Grenze. Alles, was außerhalb dieser Grenzen liegt, ist für unsere Ohren nicht wahrnehmbar.

3,8. Noch problematischer werden unsere Überlegungen, wenn wir danach fragen, welche Bedingungen in uns selber als dem «Subjekt» der Wahrnehmung gegeben sein müssen und welche Grenzen sich dabei ergeben. Dazu müßten wir die Sinnesorgane, ihren Bau, ihre Wirkungsweise und die Grenzen ihrer Leistungsfähigkeit im einzelnen besprechen. Aber das ist Aufgabe einer besonderen Wissenschaft, der Sinnesphysiologie. Die Philosophie, die sich auf deren Erkenntnisse stützen muß, fragt dann nur danach, welche Folgen sich aus den begrenzten Leistungen der Sinnesorgane für eine mögliche Erkenntnis ergeben.

Wir wissen heute, daß der uns umgebende Raum von Strahlen der verschiedensten Art erfüllt ist. Die Sinnesorgane des Menschen sind aber nicht fähig, alle Arten von Strahlen als solche wahrzunehmen. Die «Wirklichkeit», ja sogar unsere unmittelbare Umwelt, bleibt uns also weitgehend unbekannt. Erst seit verhältnismäßig kurzer Zeit wissen wir etwas von dieser «Welt» der Strahlungen, die wir nur mit Hilfe komplizierter Apparate erforschen und uns nutzbar machen können.

Was ergibt sich hieraus? Unsere Sinnesorgane erlauben uns schon ihrer Zahl nach, dann aber auch wegen ihrer beschränkten Leistungsfähigkeit nur die Aufnahme ganz bestimmter Reize, d.h. die Kenntnis verhältnismäßig weniger «Qualitäten» der Außenwelt.

3,9. Aber was ist mit den Reizen getan? Was fängt der Organismus mit den Lichtstrahlen und den Luftschwingungen an? Wie geht der «Erkenntnis»-Vorgang weiter? Um es vorwegzunehmen: Unser Wissen davon, wie sich aus der Erregung der Sinnesorgane auf dem Wege durch die Nervenbahnen zum Gehirn die Wahrnehmung des «Gegenstandes» bildet und wie wir dann auf Grund der Wahrnehmung, die sich ja in uns abspielt, den Gegenstand da draußen sehen, ist trotz der Anstrengungen der Forscher in der ganzen wissenschaftlichen Welt äußerst lükkenhaft. Man versucht, diese Lücken zu schließen, indem man bestimmte Annahmen macht, wie es wohl sein könnte, d.h. man stellt «Theorien» auf. Diese zeigen zwar eine gewisse Übereinstimmung, da sie ja von den gleichen Beobachtungen ausgehen müssen; der Wahrnehmungsvorgang bleibt im Grunde aber weiterhin rätselhaft.

3,10. Nur eines dieser Rätsel wollen wir hier besprechen: Auf der Netzhaut des Auges entsteht wie auf einer fotografischen Platte ein umgekehrtes Bild. Dieses muß ja nun wohl in dieser Form in das Gehirn weitergeleitet werden. Wie kommt es,
1. daß wir den «Gegenstand» *draußen* sehen und
2. daß wir ihn in seiner wirklichen aufrechten Lage wahrnehmen?

Es gibt dafür eine Theorie, die den Vorzug hat, diese beiden Fragen zusammen zu beantworten: Wenn wir einen Käfer unter einem Vergrößerungsglas betrachten, erscheint er uns größer, als er in Wirklichkeit ist. Die Theorie erklärt das so, daß dem Wahrnehmungsvorgang, der ja von außen nach innen verläuft, ein Rückweg von innen nach außen entspricht. Dabei würde in unserem Fall folgendes geschehen: Die Linse unseres Auges lenkt die einfallenden Strahlen so ab, daß sie zusammenlaufen und auf der Netzhaut des Auges ein umgekehrtes Bild des äußeren Gegenstandes entstehen lassen. (Den weiteren rätselhaften Weg durch die Nervenbahnen zum Gehirn brauchen wir hier nicht zu verfolgen.) Wenn wir also annehmen, daß der Wahrnehmungsvorgang eine zweite Phase hat, bei der die Strahlen nach rückwärts in der Richtung, aus der sie zu kommen scheinen, verlängert werden, so wird klar, daß die vorher nach innen zusammenlaufenden Strahlen jetzt nach rückwärts auseinanderzulaufen scheinen, wodurch ein größeres Bild entsteht: der Käfer erscheint vergrößert, und das ist ja der Sinn eines «Vergrößerungsglases». Diese Theorie würde also eine Erklärung für die Tatsache liefern, daß der Gegenstand 1. draußen und 2. aufrecht vergrößert erscheint. Dabei muß beachtet werden, daß diese zweite Phase nicht mehr das Werk der Sinneswerkzeuge ist (denn hier wirkt ja die Augenlinse nicht mehr auf die Richtung der scheinbar nach außen gehenden Strahlen), sondern eine *seelische* Wirkung oder Tätigkeit. Wir haben es hier also mit einer psychischen Erscheinung zu tun (Interaktion).

Für diese Theorie spricht auch die folgende Erscheinung: Es gibt Berichte von solchen Menschen, denen ein Arm oder ein Bein amputiert worden ist, wonach sie noch lange nach der Operation Schmerzen in dem Glied empfinden, das sie gar nicht mehr haben. Das würde beweisen, daß die Schmerzempfindung, die ja im Gehirn wahrgenommen wird, an die Stelle projiziert wird, von der der Reiz ausgegangen zu sein scheint. Wir alle lokalisieren ja immer auch den Schmerz an die Stelle, an der der Nerv gereizt wurde, während doch die Empfindung *im Gehirn* registriert wird. Schließlich gehört hierher auch das Phänomen, das als Argument für diese Theorie, die man «Projektionstheorie» genannt hat, dienen kann: Es sind die Träume. Im Traum entwickelt die Psyche ganz automatisch Bilder, die sie als reale Gegenstände, als reales Geschehen in der Außenwelt zu erkennen glaubt, wobei die Sinneswerkzeuge als Vermittler ja nicht beteiligt sind. (Es ist wohl überflüssig, zu bemerken, daß damit keine vollständige Theorie über das Zustandekommen und die tiefere Bedeutung von Träumen gegeben werden soll; lediglich das spontane Entstehen von Bildern im Traum hängt mit unserem Problem zusammen.)

3,11. Bisher haben wir den einzelnen Wahrnehmungsvorgang zu zergliedern versucht. Nun müssen wir nach der dritten Stufe des Erkenntnisvorgangs fragen: Was ist Erfahrung? Denn durch sie, sagten wir, kommen wir erst zu einem Wissen.

Erfahrung soll durch Ordnen, Vergleichen, Verknüpfen des Wahrgenommenen zustandekommen. Aber wie geschieht das? Welcher Teil des menschlichen Erkenntnisapparates – wenn wir uns einmal so ausdrücken wollen – leistet diese Arbeit, kann diese Funktion ausüben? Wir antworten zunächst mit Kant: Es ist der Verstand.

Wir wollen versuchen, den sehr problematischen Vorgang wenigstens in den Grundzügen zu verstehen. Dazu müssen wir die Vorfrage stellen: Wie kommt es, daß wir die Außenwelt als eine Welt von «Gegenständen» erfassen, die doch *viele* sind, untereinander verschieden, gegeneinander abgegrenzt, aus der Masse unserer Sinneseindrücke als ganz bestimmte Einheiten und als immer dieselben herausgehoben? Daß wir – oft nach langer Zeit oder nur auf Grund von Abbildungen – diese Gegenstände als *dieselben* wiedererkennen, sie benennen und beschreiben können? Das alles können unsere Sinneswerkzeuge keinesfalls allein leisten, auch nicht, wenn wir annehmen, daß die Projektionstheorie richtig ist. Denn die nach dieser Anschauung von innen nach außen projizierten Strahlen laufen ja nicht ins Unendliche, sondern eben nur bis zu dem Punkt, wo sie wieder den

«Gegenstand» – jetzt in vergrößerter Form (bei unserem Beispiel 3,10) – hervorrufen. In jedem Fall müssen wir also annehmen, daß hier eine andere Fähigkeit mitwirkt, die man einfach «Gegenstandsfunktion» genannt hat. Aber viel ist damit nicht erklärt, und so hat man immer wieder versucht, in neuen Theorien diese rätselhafte Entstehung einer «Außenwelt» aufzuklären. Es scheint, daß wir nichts anderes mit Sicherheit feststellen können, als daß in jeder Wahrnehmung eines Gegenstandes immer auch Erfahrung mit hineinspielt, und zwar so, daß der Gegenstand im Erkennen auch immer als *dieser* Gegenstand wiedererkannt wird. Auch wenn wir einen neuen, uns unbekannten Gegenstand vor uns haben, beginnt unser Verstand zu arbeiten und ihn in seiner Form oder in seiner Funktion mit bereits bekannten Gegenständen zu vergleichen, um mehr oder weniger schnell «dahinter zu kommen», was für ein Gegenstand das ist. Etwa in diese Richtung geht eine Auffassung, die als «Gestalttheorie» eine große Rolle spielt.

3,12. Nun gehören zur Außenwelt nicht nur einzelne Gegenstände; sie stehen zunächst im *Raume* nebeneinander, und die Ereignisse, die für das Denken ja auch «Gegenstände» sind, verlaufen in der *Zeit,* und alle diese Gegenstände stehen untereinander in Beziehungen mannigfacher Art, sie sind Ursachen oder Wirkungen, sie sind vom Menschen gesetzte Ziele oder Zwecke oder als «Mittel» Vorstufen zu diesen. Hier sehen wir, wie der Verstand durch Ordnen und Vergleichen, durch Bildung von Gruppen und Systemen und durch Fragen nach den Ursachen die Welt überschaubar zu machen versucht.

Nun handelte es sich darum, diejenigen Denkformen aufzufinden, nach denen der menschliche Verstand seiner Natur entsprechend die Welt und alle Vorgänge in ihr ordnet. Wir können auch sagen: Es kommt darauf an, die Prinzipien des Denkens zu erkennen. Dabei zeigte sich schon wieder der alte Pferdefuß: Sind das, was wir da in der Welt finden, Prinzipien des Weltgeschehens oder nur die in unserem Denken wirkenden, nur dort feststellbaren Ordnungsformen? Erfahren wir also dabei etwas von der «Wirklichkeit» oder nur etwas über den menschlichen Verstand? Wer könnte das entscheiden? Je nachdem, ob man das eine oder das andere glaubt, ist man in der Sprache der Philosophie Realist oder Idealist. Diese beiden Grundauffassungen stehen sich schon am Beginn des philosophischen Denkens in Griechenland gegenüber, und dieser Gegensatz zieht sich eigentlich durch die ganze Philosophiegeschichte hindurch.

Um es noch einmal deutlich zu sagen: Realismus ist diejenige Auffassung, nach der außerhalb und unabhängig von einem menschlichen Bewußtsein eine reale, wirkliche «Außenwelt» existiert. Der Idealismus dagegen ist derjenige Standpunkt, der sich jedes Urteils über eine «Außenwelt» enthält und nur das anerkennt, was sich im menschlichen Bewußtsein vorfindet.

Das sind natürlich nur ganz grobe Definitionen, an denen wir hier nur den Gegensatz zwischen den beiden Anschauungen verdeutlichen wollen; in Wirklichkeit tritt er in der Geschichte der Philosophie in sehr vielen Abwandlungen auf; denn jeder Philosoph hat versucht, die Schwierigkeiten, in die beide Auffassungen führen müssen, durch weitere Überlegungen zu überwinden.

3,13. Eine dieser Grundauffassungen wollen wir wenigstens in den Grundzügen näher kennenlernen: Es ist die Theorie, die Immanuel Kant in der «Kritik der reinen Vernunft» (vgl. 3,6) entwickelt hat. Kant nennt zunächst zwei Ordnungsprinzipien besonderer Art: Raum und Zeit. Wohl gemerkt: Er spricht davon, daß Raum und Zeit die *Formen unserer Anschauung* sind, ohne die es für uns keine Außenwelt und kein äußeres Geschehen gäbe. Eine Welt ohne Raum und ohne Zeit ist für uns nicht vorstellbar. Was aber *der* Raum und *die* Zeit außerhalb unseres Bewußtseins sind, ist philosophisch nicht zu ergründen. (Damit muß Kant also dem Idealismus zugerechnet werden; vgl. 3,12.)

Schwerer zu verstehen ist die Wirkungsweise der eigentlichen Verstandeskräfte: Welche sind es? Wie viele gibt es? Wie ist ihre Wirkung? Auch hier können wir nur andeuten, worum es geht.

Es scheint, daß der Mensch mit derselben Notwendigkeit, wie er sich die Welt in Raum und Zeit vorstellen muß, gezwungen ist, alles Geschehen als eine Verbindung von Ursache und Wirkung zu denken: Alles, was geschieht, hat eine Ursache, muß als Wirkung von etwas anderem angesehen werden, kann aber selber wieder die Ursache für das weitere Geschehen sein. Das wäre also *eine* formale Bestimmung der menschlichen Erkenntnis. Da hier immer nach einer Ursache (lateinisch: causa) gefragt wird, nennt man sie das Kausalitätsprinzip.

Schon in der griechischen Philosophie hat man versucht, solche letzte Denkformen festzustellen; man nannte sie «Kategorien», was soviel heißt wie «Aussagen überhaupt» oder etwa «letztmögliche, allgemeinste Aussageformen». Kant hat nun versucht, ein System von zwölf Kategorien aufzustellen; aber diese «Kategorientafel» ist durchaus nicht allgemein anerkannt. Das ist ja auch verständlich; denn wir haben keine Möglichkeit, einwandfrei etwas über tatsächlich vorhandene und unser ganzes Denken bestimmende letzte Formen auszusagen; dazu wäre ja wieder ein Denkakt nötig, der selber wieder «kategorial» bestimmt wäre, also nichts «über» mögliche Kategorien aussagen könnte.

3,14. Das führt uns – wieder ganz im Sinne Kants – zu der zusammenfassenden Frage: Was können wir nun wirklich von der Außenwelt erkennen? Wir sind bisher doch überall nur auf Grenzen gestoßen: bei den Sinneswerkzeugen, bei der Wahrnehmung mit ihrer ganz unverständlichen Gegenstandsfunktion und schließlich bei unseren problematischen Verstandeskräften, von denen letztlich alles «Wissen» abhängt.

Was ist das also, was von jenseits dieser Grenzen her auf uns einwirkt, was uns überhaupt den Begriff «Welt» bilden läßt? Denn der menschliche Geist will über diese Grenzen hinaus, er möchte die ganze «Wirklichkeit», «alles überhaupt», das «Sein» selber erkennen. Zunächst muß er sich damit begnügen, das, was ihm «gegeben» wird, als Wirklichkeit anzusehen, das, was «ihm erscheint»; philosophisch: «das Gegebene», die «Erscheinung» auch: «das sich Zeigende». Das klingt nun schon so, als ob da etwas wäre, das sich uns zeigt, oder gar jemand, der uns etwas zeigen will, vielleicht aber auch nicht alles zeigen will, sogar etwas verbirgt?

Wir bleiben am besten bei dem Begriff, den Kant gewählt hat, um die Welt, soweit sie uns erfahrbar ist, zu bezeichnen: «die Welt der Erscheinung». Dann würden wir uns also mit unserem gesamten Denken, einschließlich aller Wissenschaften, in der Welt der Erscheinung bewegen, müssen aber zugeben, daß wir genötigt sind, jenseits der Erscheinungswelt etwas zu *denken,* wovon wir aber nichts *wissen* können. Kant nennt diesen Bereich das «Ding an sich». Die Zweiheit von Ding an sich und Erscheinung ist dann also das letzte, was wir von der Welt überhaupt sagen können; unser *Wissen* bleibt auf jeden Fall auf die Erscheinungswelt beschränkt.

3,15. Aber damit kann sich der menschliche Geist nicht zufrieden geben; er versucht, über die vom Verstande gesetzten Grenzen hinauszustreben, sie zu «übersteigen». Für dieses «Übersteigen» wird in der Philosophie das Wort transzendieren gebraucht: Jener gedachte

Bereich der jenseits der Grenzen unseres Verstandes liegt, heißt transzendent; was innerhalb dieser Grenzen bleibt, ist immanent, «drinbleibend».

In der Erscheinungswelt haben wir es mit «Gegenständen» zu tun. Dagegen können in dem Bereich, der die Erscheinungswelt transzendiert, keine «Gegenstände» vorkommen; denn hier findet ja keine Erfahrung statt. Es ist der Bereich der *Ideen,* die nicht auf Grund der Verstandestätigkeit erfahren, sondern nur denkend durch die Vernunft erfaßt werden können.

Kant nennt drei solcher Ideen: Seele, Welt, Gott.

Daß man diese Ideen nicht zum Gegenstand der Erfahrung machen kann wie die «Dinge» der Erscheinungswelt, zeigt Kant daran, daß Aussagen über die Ideen in Widersprüche führen: Von der Welt z. B. läßt sich weder beweisen, daß der Raum Grenzen und die Zeit einmal begonnen habe; noch läßt sich beweisen, daß die Welt räumlich und zeitlich unendlich ist. Diesen Widerstreit der Aussagen nennt Kant Antinomien.

3,16. Wir haben bisher versucht, den Erkenntnisvorgang, wie er vor fast 200 Jahren von Immanuel Kant dargelegt wurde, zu verstehen – nicht deshalb, weil diese «Erkenntnislehre» den Anspruch erheben könnte, allgemein- und endgültig zu sein, sondern vor allem deshalb, weil sie noch immer Gegenstand philosophischer Forschung ist. Auch kann man sich durch die von Kant festgelegten Begriffe noch heute am leichtesten verständigen.

Wir wollen also auch weiterhin von der Voraussetzung ausgehen, daß der Mensch in seinem Bestreben, Wissen zu erwerben, sich ganz in der Welt der Erscheinungen (im Sinne Kants) bewegt. Das bedeutet, daß er auf Grund seiner Erfahrungen versucht, mit Hilfe seiner Verstandeskräfte das Ganze dieser Welt zu ordnen, überschaubar zu machen, die vielgestaltigen Beziehungen seiner Teile zu erkennen und in Regeln zu fassen und so zu einem System des Weltwissens zu kommen, das ihm die Möglichkeit gibt, mit diesem Regelwerk die Welt zu beherrschen und sogar zu verändern.

So etwa können wir in kurzen Worten umschreiben, was «Wissenschaft» bedeutet. Nun könnte das so verstanden werden, als ob jeder Mensch schon deshalb, weil er ein «Vernunftwesen» ist, wissenschaftlich denken müßte. In philosophischen Erörterungen wird häufig nicht bedacht, daß Philosophie und Wissenschaft durchaus nicht allgemeinmenschliche Betätigungen sind; beide sind fast gleichzeitig zu einer bestimmten Zeit und in einem bestimmten Kulturkreis entstanden, haben sich von da aus im Laufe vieler Jahrhunderte ausgebreitet, sind aber bis heute bei weitem nicht Allgemeingut der Menschheit geworden. Etwa 600 Jahre vor unserer Zeitrechnung begann in Griechenland und Kleinasien dieses bohrende Fragen nach Sinn und Einheit der Welt, und in ganz kurzer Zeit war auch das Bewußtsein voll entwickelt, daß man zuverlässige Antworten auf diese Fragen nur so erhalten könne, daß man die Welt und alles, was in ihr geschieht, systematisch erforscht. Damit war die Wissenschaft entstanden, und einen entscheidenden Anteil an diesem Vorgang haben die beiden griechischen Philosophen Plato und Aristoteles, die im 4. Jahrhundert vor Christi Geburt gelebt haben.

3,17. Wie aber haben die Menschen vorher gedacht? Was wußten sie von der Natur, von den Vorgängen in ihr, von ihren «Gesetzen»? Gewiß, sie hatten ihre Erfahrungen; sie wußten, wie man sich zu den Naturerscheinungen, zu den Tageszeiten, zu den Jahreszeiten verhalten müsse. Die Beobachtung der Natur muß jahrhunderte-, ja jahrtausendelang immerhin so genau gewesen sein, daß z.B. für das Jahr 585 vor Christi Geburt eine Sonnenfinsternis genau vorausgesagt werden konnte, obwohl man ganz unzutreffende Vorstellungen über die Bewegungen der Himmelskörper hatte und ein solches Ereignis keineswegs etwa berechnen konnte.

Welche Wandlungen hat also das menschliche Denken durchgemacht, ehe es damit begann, das Naturgeschehen in Gesetze zu fassen und zu immer genaueren Aussagen und immer sichereren Voraussagen zu kommen, d.h. die Natur «wissenschaftlich» zu verstehen? Sehr weit zurück reichen die Möglichkeiten der Forschung nicht; man versucht, die Denkweise der heute noch lebenden Menschengruppen zu studieren und zu verstehen, die auf einer früheren Entwicklungsstufe stehengeblieben sind, um von ihnen aus Schlüsse ziehen zu können, wie die Entwicklung des menschlichen Denkens bis zu seinen heutigen Formen verlaufen ist.

In aller Kürze läßt sich hierüber folgendes sagen: Als frühestes Stadium der menschlichen Denkform ist für uns erkennbar das *magische* Denken. Der Mensch fühlt sich in der Gewalt von Naturkräften und von ihnen bedroht und versucht, sich vor ihnen zu schützen, indem er selber Macht über sie gewinnt. Beschwörungen und Zauberformeln sollen ihm dazu verhelfen, in den verschiedensten Lebenslagen Herr über das Geschehen zu werden. Auch die vielen Höhlenzeichnungen, die aus dieser Entwicklungsstufe der Menschheit stammen, werden als solche Zaubermittel gedeutet.

Von dieser magischen Naturauffassung hat sich das menschliche Denken – so sieht man es heute – zum *mythischen* Denken weiterentwickelt. Das griechische Wort ‹Mythos› bedeutet ‹Erzählung›. Mythen sind also Erzählungen, Geschichten von Göttern und Heroen, in denen aber Erfahrungen zum Ausdruck kommen, die die Menschen mit der Natur, mit ihrem eigenen Seelenleben und im Zusammenleben mit ihrer Gruppe gemacht haben. Was heute für uns das Gewitter ist, war für sie die «wilde Jagd» und der «blitzeschleudernde Zeus». Den Gebrauch des Feuers lernten die Menschen angeblich mit Hilfe eines göttlichen Wesens, des Prometheus, der es vom Himmel auf die Erde gebracht hat.

Wir können den unendlichen Reichtum an Mythen, die sich bei allen Völkern finden, wohl als ihre «Philosophie» ansehen; denn mit Hilfe solcher mythischen Erzählungen versuchte der Mensch, in dem Walten der Natur, in seinem eigenen Gefühlsleben und überhaupt in dem Weltgeschehen einen Sinn zu erkennen, um sich diesem entsprechend verhalten und es bewältigen zu können.

3,18. Demgegenüber muß es wie ein Schöpfungsakt anmuten, daß diese mythische Weltsicht dadurch im Prinzip überwunden wurde, daß an die Stelle der anschaulichen Geschichten nun abstrakte Begriffe zur Welterklärung verwendet wurden. Das geschah so plötzlich und so tiefgreifend – wie wir schon wissen, etwa im 6. Jahrhundert vor Christi Geburt in Griechenland –, daß es keinen Zweifel darüber geben kann: Das war die Geburtsstunde der Wissenschaft. Denn die Erkenntnis der Natur und ihre Beherrschung durch abstrakte Begriffe – wozu auch die Zahlen gehören – ist das eigentliche Kennzeichen der Wissenschaft. (Wir müssen hier allerdings einschalten, daß eine Mathematik – wohl als Rechentechnik – schon lange vor den Griechen im Orient ausgebildet war.)

Das menschliche Vermögen, das hier seine Wirkung entwickelt, nannten die Griechen ‹Logos›, was gleichzeitig Sprache und Denken bezeichnet. Daher nennt man diese neue Epoche der geistigen Entwicklung der Menschheit als die dritte nach *Magie* und *Mythos* den *Logos.*

Nun ist es allerdings nicht so, daß mit dieser plötzlichen Entdeckung der Griechen auch eine allgemeine Herrschaft des logischen Denkens eingesetzt hätte. Es waren zuerst nur einzelne «Philosophen», die die neue Erkenntnis als Methode ihres Nachdenkens benutzten, und nur ganz allmählich bildeten sich dann «Schulen», die sie weiterführten, vertieften und ausbauten und durch Anwendung auf die verschiedenen Bereiche der Welt- und Lebensfragen die verschiedenen ‹Wissenschaften› schufen. Die mythische und sogar die magische Weltsicht behielten bei den Menschen aller Zonen und Zeiten ihre Geltung und ihre Wirkung, und es wird uns auch heute nicht schwer, festzustellen, daß wir in manchen Formen des Aberglaubens noch heute Reste der magischen Weltsicht in uns herumtragen.

3,19. Überhaupt läßt sich eine scharfe Trennung zwischen «vorwissenschaftlichem» und «wissenschaftlichem» Denken nicht ziehen. Es ist oft genug auch in neuerer Zeit vorgekommen, daß solche «vorwissenschaftlichen» Anschauungen der wissenschaftlichen Forschung wichtige Anregungen gegeben und ihre Richtung bestimmt haben.

In der Medizin z. B. lachte man zuerst darüber, daß jemand auf den Gedanken kam, durch systematische Anwendung von gewöhnlichem kaltem Wasser Heilerfolge erzielen zu wollen. Wir wissen, daß diese Heilmethode heute längst anerkannt ist und in der Medizin eine große Rolle spielt.

Ein anderes Beispiel: Bis in die ersten Jahre unseres Jahrhunderts hinein galt es als eine Art Aberglaube, daß der Genuß von rohem Obst und rohem Gemüse eine besondere Bedeutung für die Gesundheit haben sollte. Erst durch die Erforschung der «Vitamine» wurde die Richtigkeit dieses «Aberglaubens» bestätigt.

Hier wird deutlich, wie das «vorwissenschaftliche» Denken durchaus nicht radikal vom «wissenschaftlichen» abgelöst ist, ja man kann sogar sagen, daß wohl noch für lange Zeit die Erfahrungen und Meinungen des Volksglaubens ein wichtiges Reservoir für die wissenschaftliche Forschung sein werden.

Es dauert oft lange, bis eine solche «vorwissenschaftliche» Anschauung durch die wissenschaftliche Forschung entweder anerkannt oder abgelehnt wird.

3,20. Auch trifft man heute häufig auf die Meinung, daß die Wissenschaft die Philosophie vollständig abgelöst habe, der Philosophie also überhaupt keine Existenzberechtigung mehr zukomme.

Das wäre nur dann richtig, wenn die Wissenschaft imstande wäre, alle Fragen zu beantworten, die sich die Menschen über sich selber, die Welt und das Leben stellen und zu allen Zeiten gestellt haben. Falls solche Fragen weiterhin berechtigt sind, dann müßten wir sie der Wissenschaft stellen und von dort aus eine Antwort erwarten können. Ist das so?

Niemand wird natürlich bestreiten, daß die Wissenschaften gerade in unserem Jahrhundert enorme Fortschritte gemacht haben, daß die wissenschaftliche Forschung täglich den Schatz des Wissens vergrößert und sogar immer neue Wissenschaftszweige dazukommen, so daß das Ganze wie ein stürmischer Aufschwung der Kenntnisse des Menschen über das, was ist, anmutet.

Müssen wir also aufhören zu philosophieren? Zahlreiche Vertreter gerade der neuen Wissenschaften bejahen diese Frage; dabei müssen aber doch alle Wissenschaften zugeben, daß der Umfang ihres absolut sicheren Wissens trotz der immer intensiveren Forschung – im Vergleich zu dem, was die Wissenschaften an Problemen noch zu bewältigen haben – recht klein ist. Unbewiesene Annahmen in Form von Hypothesen und Theorien müssen oft die Lücken in den wissenschaftlichen Systemen ausfüllen.

Nun heißt das nicht etwa, die Philosophie wolle die von den Wissenschaften offengelassenen Fragen von sich aus beantworten. Sicher hat es Philosophen gegeben, die geglaubt haben, dazu fähig und sogar verpflichtet zu sein. Viele Beispiele in der Geschichte der Philosophie bestätigen das. Sie sind uns eine Warnung vor dem gleichen Fehler.

Während die Wissenschaft immer von bestimmten Voraussetzungen, Prinzipien, Axiomen (Grundforderungen des Denkens) ausgeht, hinter die sie nicht zurückfragt, ist die Aufgabe der Philosophie – wie wir wissen – gerade das «Weiterfragen». Ihre Probleme sind die allgemeinsten Voraussetzungen des menschlichen Denkens und daher auch des wissenschaftlichen Forschens. Ihre Aufgabe ist daher die kritische Untersuchung der wissenschaftlichen Methoden mit dem Ziel, die Ergebnisse der verschiedenen Wissenschaften daraufhin zu prüfen, in welchem Sinne und bis zu welchem Grade sie richtig, wahr, gültig sind, ja überhaupt sein können. In diesem Sinne hat man gesagt, die Philosophie sei das Gewissen des wissenschaftlichen Denkens.

3,21. Eine weitere Beziehung zwischen Philosophie und Wissenschaft wollen wir uns an einem berühmten Beispiel verdeutlichen: Fast 500 Jahre vor Christi Geburt kam einer der griechischen Philosophen auf den Gedanken, daß es möglich sein müßte, die Materie so lange zu zerteilen, bis man schließlich zu kleinsten, nicht weiter teilbaren Teilchen käme. Natürlich war es mit den damaligen Mitteln der Wissenschaft und Technik nicht möglich, diesen Versuch tatsächlich durchzuführen. Also blieb diese Idee jahrhundertelang ein philosophischer Gedanke. Aber sie blieb als Problem der Wissenschaft aufgegeben, und in dem Maße, wie sich die wissenschaftlichen Methoden weiterentwickelten, näherte man sich ihrer Lösung.

Leukipp, jener griechische Philosoph, und sein unmittelbarer Nachfolger Demokrit hatten diese in ihrer Idee existierenden Teilchen «Atome» («Unteilbare») genannt und die Lehre aufgestellt, es gebe nichts anderes als eben diese Atome und den leeren Raum. Natürlich mußten sie annehmen, daß die «Dinge» aus einer großen Zahl von Atomen zusammengesetzt sind.

Erst im vorigen Jahrhundert war die Wissenschaft so weit, daß sie glauben konnte, diese letzten, nicht mehr weiter teilbaren Teilchen gefunden zu haben. Sie konnte den Beweis erbringen, daß die mehr als 90 verschiedenen Elemente, aus denen die ganze Materie besteht, aus lauter gleichen Bausteinen zusammengesetzt sind, die nur in verschiedener Anzahl zusammengepackt sind, woraus sich die verschiedenen Eigenschaften der Elemente ergeben.

Hier hatte man – so meinte man – diese letzten, nicht mehr teilbaren Teilchen, von denen die griechischen Philosophen geträumt hatten, und nannte sie eben deshalb «Atome». Unserem Jahrhundert blieb es vorbehalten, den Beweis zu erbringen, daß die Verwendung des Begriffes «Atom» auf die Bausteine der Elemente falsch ist. Wir wissen, daß es gelungen ist, manche dieser Atome doch zu teilen, und daß die Geschichte der Atomspaltung fast sofort mit einem entsetzlichen Ereignis begann: der ersten Atombombe.

3,22. Inzwischen ist die Forschung weitergegangen, und es ist sogar fraglich geworden, ob man überhaupt noch von Materie in dem Sinne sprechen kann, daß da etwas ist, das sich in kleinste, nicht mehr weiter teilbare Teilchen zerlegen läßt.

Sollen wir daraus folgern, daß die von den griechischen Philosophen aufgestellte Lehre von den «Unteilbaren» und dem «leeren Raum» eine Irrlehre war? Wir haben hier das vor uns, was in der Wissenschaft eine ‹Theorie› heißt. Eine Irrlehre ist sie deshalb nicht, weil sie ja im Laufe der Entwicklung eine ganze Reihe wichtiger Erkenntnisse gebracht hat, von denen vielleicht die am bedeutendsten ist, daß die Atomspaltung eine Energiequelle darstellt, ohne die eine weitere Entwicklung von Technik und Industrie nicht möglich scheint. Diese

Theorie hat sich also als fruchtbar erwiesen, auch wenn sie auf Grund weiterer Forschungen abgeändert (modifiziert) oder ganz fallengelassen und durch eine andere ersetzt werden muß.

3,23. Nun wollen wir aber doch geradezu fragen: Was ist Wissenschaft? Daß Wissenschaft mit Wissen zu tun hat, ist klar. Gewöhnlich versteht man unter Wissenschaft ein geordnetes Wissen, das durch systematische Erforschung bestimmter Wissensgebiete erworben ist und ständig vertieft und erweitert wird.

Es gibt also viele Wissenschaften. Wenn man nun aber doch von ‹der› Wissenschaft spricht, so muß das etwas sein, was allen Wissenschaften gemeinsam ist, was aus der unübersehbaren Menge des Wißbaren durch systematische Forschung und geordnete Darstellung eben das macht, was man ‹Wissenschaft› nennt. Was ist das?

Ganz allgemein kann man sagen, daß das wichtigste Kennzeichen der Wissenschaft das Streben nach Wahrheit ist, d.h. nach Erkenntnis der Wirklichkeit, wie sie an sich ist. Dabei setzt die Wissenschaft zweierlei voraus, daß es so etwas wie eine Wirklichkeit gibt und daß es dem Menschen möglich ist, diese Wirklichkeit, so wie sie an sich ist, zu erkennen.

Ob diese Voraussetzungen zutreffen, ob es also überhaupt einen Sinn hat, die Wirklichkeit erforschen zu wollen, das zu untersuchen, kann nicht Aufgabe einer einzelnen Wissenschaft sein; denn jede Wissenschaft hat ja diese beiden Voraussetzungen, die erst untersucht werden sollen, zum Ausgangspunkt.

Es muß also außerhalb der Wissenschaft eine andere Instanz geben, die ihr gewissermaßen vorgeschaltet ist und deren Bedeutung immer dann hervortritt, wenn der wissenschaftliche Forscher auf die zweifelnde Frage stößt, ob er mit seinem Resultat tatsächlich die Wirklichkeit selber erfaßt und ob seine Methoden dazu ausreichen.

3,24. Aber: So einfach das klingt, so schwierig ist es oft, in bestimmten Bereichen der Wissenschaft genau anzugeben, was Gegenstand der Forschung sein soll und was nicht.

An zwei Beispielen wollen wir uns das klarmachen. Wenn jemand auf den Gedanken käme, die Erdkunde sollte die Aufgabe übernehmen, die genaue Entfernung zwischen allen Orten der Erde festzustellen und das Ergebnis dieser Messungen in einer Tabelle zusammenzustellen, zu drucken und zu veröffentlichen, so könnte man zwar sagen, daß das ja doch ein bestimmter Bereich der Wirklichkeit sei, also Gegenstand wissenschaftlicher Forschung sein müsse. Man sieht aber sofort, ein solches Unternehmen wäre reine Spielerei, obwohl es zwei wichtige Merkmale der Wissenschaft aufwiese: System und Methode.

Bei dem zweiten Beispiel wird die Entscheidung schon schwieriger: Könnte man von der Geschichtsforschung verlangen, sie müßte alles, was überhaupt jemals irgendwo in der Welt geschehen ist, erforschen, durch Quellen belegen und darstellen, ganz gleich, ob es ‹von Bedeutung› ist oder nicht? Man sieht sofort, daß das unmöglich wäre und zudem sinnlos; aber diese Überlegung führt zu der Frage: Wie läßt sich denn überhaupt bei einer Wissenschaft feststellen, was ihre Aufgabe ist, ob der Bereich der Wirklichkeit, den sie erforschen soll, Grenzen hat und von wem oder wodurch diese Grenzen gesetzt sind?

Da der Mensch es ist, der Wissenschaft betreibt, werden wir vermuten, daß diese Frage mit dem Verhältnis von Mensch und Wissenschaft zu tun hat: eine verhältnismäßig einfach zu beantwortende Frage; sehr viel mehr Probleme wirft aber die weiterführende Frage auf, wie das Verhältnis des Menschen zur Wirklichkeit ist, die er ja mit Hilfe der Wissenschaft «so, wie sie an sich ist», erforschen will.

3,25. Es steht also wohl fest: nicht wahllos alles, was überhaupt ist, nicht alles, was überhaupt jemals geschehen ist, kann Gegenstand der Wissenschaft sein. Die beiden Beispiele zeigten uns, daß es Tatsachen geben kann, deren systematische Behandlung sinnlos, weil unfruchtbar wäre, daß z. B. in der Geschichte nicht alles überhaupt Gegenstand der Forschung ist, also nicht auch das «Belanglose», sondern das «Bedeutsame». Dabei erhebt sich aber sofort das Problem: Was ist bedeutsam? Was ist fruchtbar?

Oft genug hat sich im Laufe der Wissenschaftsgeschichte herausgestellt, daß Fragestellungen und Untersuchungen, die rein spielerisch zu sein schienen, sich als außerordentlich fruchtbar herausgestellt haben. Als jemand auf den Gedanken kam, aus einem Buch oder einer Zeitung in wochenlanger Arbeit zu zählen und in einer Tabelle zusammenzustellen, wie oft die einzelnen Wörter vorkommen, hat man das vielleicht für sinnlosen Zeitvertreib gehalten. Als dann aber diese «Häufigkeitsuntersuchungen» die Grundlage dafür abgaben, ein Kurzschriftsystem zu entwickeln, waren sie zu einer wichtigen und fruchtbaren Vorarbeit geworden. Auch für einen methodisch aufgebauten Fremdsprachenlehrgang sind solche Häufigkeitsuntersuchungen unentbehrlich geworden.

Andrerseits muß die wissenschaftliche Forschung oft deshalb lükkenhaft bleiben, weil es nicht möglich ist, von den gesuchten Tatsachen oder Vorgängen die notwendige Kenntnis zu gewinnen, z. B. bei der Erforschung des Weltalls oder bei weit zurückliegenden Perioden der Menschheitsgeschichte.

Das alles bezieht sich auf Tatsachen und Vorgänge. Darüber hinaus sind aber auch Beziehungen zwischen diesen einzelnen «Fakten», Sinnzusammenhänge, Kräfte und ihre Wirkungen, Widersprüche in den beobachteten Erscheinungen und Probleme ihrer Ausdeutung Gegenstand wissenschaftlicher Forschung.

3,26. In diese verwirrende Fülle von Aussagen über die Wissenschaft können wir aber eine Ordnung bringen, wenn wir folgendes überlegen: Wir sagten eben, daß es die Wissenschaften nicht nur mit Fakten zu tun haben, sondern daß schon die Art und Weise, wie die Dinge zueinander in Beziehung stehen, wissenschaftlich untersucht werden muß.

Eine solche Wissenschaft von den reinen Beziehungen ist die Mathematik. Sie stellt ein System von möglichen Aussagen über Größen- und Zahlenverhältnisse dar. Die Eigenart dieses Systems besteht darin, daß seine Aussagen eindeutig und absolut gültig sind. Es beruht auf wenigen allgemein gültigen Grundsätzen (Axiomen), die für den menschlichen Verstand unmittelbar einleuchtend und ihr Gegenteil denkunmöglich ist. Aus diesen Axiomen kann nun die Mathematik weitere, immer speziellere Aussagen ableiten, die dann ebenso einleuchtend sind, aber nur mittelbar, da sie vermittels weiterer Überlegungen und Beweisen ihre Gültigkeit erhalten. Wir wissen (2,17), daß der Schluß vom Allgemeinen auf das Besondere absolut zwingend ist. Der mathematische Beweis ist ein solcher Schluß; er hat deshalb den Charakter einer Deduktion.

Anders liegt der Fall, wenn der wissenschaftliche Forscher versucht, aus einer Reihe immer wiederkehrender Erscheinungen ein Gesetz herauszulesen. Wenn auf einen bestimmten Vorgang immer der gleiche andere Vorgang folgt, wenn also eine bestimmte Ursache mit einer bestimmten Wirkung «verknüpft» ist, dann versucht die Wissenschaft, das in ein Gesetz zu fassen. Das kann vielleicht zunächst nur eine Vermutung sein, zu der sich der einzelne Forscher berechtigt glaubt, weil der gleiche Vorgang sich bisher immer wiederholt hat (2,17). Hier handelt es sich offenbar um ein «Aufsteigen» vom Besonderen (dem einzelnen Fall) zum «Allgemeinen» (dem Gesetz), also um eine Induktion, d.h. um einen Induktionsbeweis. Dieser kann aber nie die absolute Gültigkeit beanspruchen wie der Deduktionsbeweis; denn ein einziger Fall, bei dem der Vorgang anders verläuft, als das Gesetz «vorschreibt», macht das ganze Gesetz ungültig.

Wenn der Forscher zum Ausdruck bringen will, daß es sich bei seinem Gesetz um eine Vermutung handelt, spricht er von einer Hypothese. Und will er sagen, daß das überhaupt nur eine vorläufige Annahme ist, die für sein weiteres Arbeiten die Richtung bestimmen soll, nennt er seine Aussage eine «Arbeitshypothese».

Nun geht er ganz systematisch vor: Er stellt in immer neuen Versuchen die gleichen Situationen her unter immer gleichen Bedingungen und erwartet, daß immer wieder dieselbe Wirkung eintritt, durch die dann das «Gesetz» sich bewahrheitet und bestätigt wird.

Oft werden aber die Bedingungen bei den wiederholten Versuchen leicht abgeändert; dadurch läßt sich feststellen, welche dieser Bedingungen wesentlich, welche nur zufällig sind, d.h. «in welchem Umfange» das Gesetz seine Gültigkeit behält.

Wir haben es also hier mit dem zu tun, was man ein «Experiment» nennt. Man hat das Experiment mit einer Frage verglichen, die der Forscher an die Natur stellt: Das Resultat ist dann ihre Antwort.

3,27. Diejenigen Wissenschaften, in denen nicht mit Beweisen solcher Art gearbeitet werden kann, verlangen ganz andere Methoden. Als Beispiel diene die Geschichte. Hier haben wir es anscheinend auch mit immer wiederkehrenden Vorgängen, Situationen, mit Ursachen und Wirkungen zu tun. Aber bei genauerem Zusehen «liegt doch jeder Fall anders», vor allem deshalb, weil in der Geschichte nicht eigentlich reale, meßbare, äußere, überhaupt nicht Naturvorgänge das Entscheidende sind, sondern die unberechenbaren Triebkräfte des Menschen, die nicht in allgemein gültige Gesetze eingefangen werden können. Dazu kommt das unübersehbare Zusammenspiel von äußeren Faktoren und von Zufällen, die immer bei geschichtlichen Ereignissen mitsprechen.

Das ist der Grund, weshalb Geschichte und die ihr ähnlichen Wissenschaften nicht mit den Methoden der Mathematik behandelt werden können, daß sie nicht «mathematisierbar» sind, was heute gern als Kennzeichen einer ‹echten› Wissenschaft angesehen wird. Manche Vertreter der «exakten» Wissenschaften sprechen deshalb jenen anderen Wissenschaften überhaupt den Wissenschaftscharakter gänzlich ab.

Der Sprachgebrauch in der westlichen Welt leistet dem Vorschub:

Sowohl im Französischen wie im Englischen bedeutet das Wort ‹science› (das aus dem Lateinischen kommt und dort einfach ‹Wissenschaft› bedeutet) eigentlich immer ‹Naturwissenschaft›.

Natur und Geschichte sind also die beiden großen Wissenschaftsbereiche, die einen gewissen Gegensatz bilden, wobei ‹Geschichte› hier nur als Beispiel für einen weiteren Bereich genannt ist, den man als ‹Geisteswissenschaften› oder auch ‹Kulturwissenschaften› den ‹Naturwissenschaften› gegenüberstellt, und zwar eben aus dem Grunde, weil sich beide Bereiche durch die Verwendung verschiedener Methoden unterscheiden.

3,28. «Wissenschaft» ist zugleich mehr und weniger als «Wissen» im einzelnen; mehr insofern, als sie das ganze mögliche Wissen in einem bestimmten Gebiet zu überschauen, systematisch zu ordnen und zu beherrschen, zugleich auch zu erweitern und zu vertiefen sucht, weniger insofern, als sie – eben als Wissen*schaft* – immer nur auf ihrem Gebiet, also nur in einer bestimmten Hinsicht, eine Aussage machen kann, während das, worüber sie etwas aussagen soll – etwa ein bestimmter Mensch –, meist ein so vielfältiges, kompliziertes Gebilde ist, daß eine einzelne ‹wissenschaftliche› Aussage – so wichtig sie ist – doch nur *ein* Beitrag zu einem Wissen um das Individuum «Mensch» sein kann.

Anhand dieses Beispiels wollen wir uns die Funktion der Wissenschaft verdeutlichen:

Die Wissenschaft vom Menschen ist die ‹Anthropologie›. Wäre es also möglich, mit dem Wissen, das die Anthropologie bereithält, eine vollständige Kenntnis eines beliebigen einzelnen Menschen zu gewinnen? Nein; denn diese Wissenschaft hat es wie jede Wissenschaft mit dem *Allgemeinen* zu tun. Die Wissenschaft vom Menschen macht nur Aussagen darüber, was man von der *Gattung* Mensch wissen kann; trotzdem wird sie auch all das, worin die einzelnen Menschen sich unterscheiden können – die Differenzen –, systematisch darzustellen versuchen und damit zur ‹differenziellen Anthropologie› werden.

Das ist zwar sicher eine Hilfe, wenn man einen einzelnen Menschen erkennen will; aber es wird sofort deutlich, daß von den in der wissenschaftlichen Anthropologie beschriebenen Menschentypen im einzelnen Fall immer nur einer zutrifft. Und was wäre damit gewonnen, wenn ich einen bestimmten Menschen einem anthropologischen Typ zugeordnet hätte?

Aber auch hier gilt: Wissen kann ich immer nur *von* etwas, nicht *es selbst.* Nur soweit mein Erkenntnisapparat reicht, kann ich etwas *von* etwas erfahren; es sind überhaupt nur *Signale,* die mir Teilansichten vermitteln, die ich dann zu einem Bilde, einem «Gegenstand» zusammensetze.

Das gilt erst recht, wenn dieser «Gegenstand» ein Mensch ist. Zu dem Bilde, das ich von ihm habe, kommen dann noch seine Rede, sein Temperament, seine Reaktionsweise in bestimmten Situationen, seine Überzeugungen und vieles andere mehr. So kommt ein Bild, ein Eindruck von einem einzelnen, individuellen Menschen zustande, der – wenn überhaupt etwas – nur sehr wenig einer ‹wissenschaftlichen Anthropologie› verdankt.

3,29. Welches sind nun die spezifischen Methoden der Geisteswissenschaften? (Gerade um diese gehen heute die Ansichten auseinander.) Zunächst müssen wir uns daran erinnern, daß jede Wissenschaft da, wo sie sich der begrifflichen Sprache bedienen muß, der Unschärfe des begrifflichen Denkens, der Mehrdeutigkeit der sprachlichen Begriffe ausgesetzt ist; ferner, daß der im menschlichen Denken eingewurzelte Glaube, es müsse einem Wort auch immer eine Sache, einer Aussage auch immer eine Tatsache entsprechen, zu Irrtümern, Fehldeutungen, fruchtlosen Auseinandersetzungen führen muß. Wir wissen, daß Gefühle, Emotionen, Aggressionen und alle die ‹Vorurteile›, die jeder Mensch mit sich herumträgt, der Verfälschung von Erkenntnissen und Forschungsergebnissen Vorschub leisten (1,17).

Ein Beispiel für viele: Es gibt Ärzte, die eine psychosomatische (körper-seelische) Betrachtungsweise und Diagnose bei Krankheiten grundsätzlich nicht gelten lassen, weil sie einen so engen Zusammenhang zwischen Körper und Seele leugnen. Die Philosophie muß doch hier die Frage stellen, ob dem Gegensatz der Begriffe Körper – Seele in der Wirklichkeit ein ebenso totaler Gegensatz entspricht, daß Körper und Seele grundverschiedene, absolut ‹getrennte› Teile des Menschenwesens sind.

Geht nun ein Arzt an dieser Frage vorbei, dann wird er geneigt sein, bestimmte Krankheiten allein nach dem körperlichen Symptom zu behandeln, ohne an mögliche seelische Ursachen zu denken. Ein anderer Arzt wird vielleicht umgekehrt versucht sein, nun jedes körperliche Symptom aus seelischen Ursachen allein zu deuten. In diesem Falle kann es aber geschehen, daß sich auf Grund von Heilerfolgen oder -mißerfolgen allmählich eine zutreffende Deutung des Verhältnisses von Körper und Seele durchsetzt; aber wie soll es z.B.

möglich sein, von geschichtlichen Zusammenhängen, die weit zurückliegen, die «richtigen» Deutungen zu finden, wenn doch keine neuen Quellen zur Verfügung stehen, die eine Entscheidung bringen könnten?

So ist es wohl zu verstehen, daß manche Vertreter der exakten Wissenschaften auf die Methoden der Geisteswissenschaften mit Verachtung herabsehen und diesen am liebsten den Wissenschaftscharakter überhaupt absprechen möchten.

Sicher, die Geisteswissenschaften können es an Genauigkeit mit den exakten Wissenschaften nicht aufnehmen. Dafür machen sie aber Aussagen, die nicht nur Ergebnisse trockener Messungen sind, sondern den lebendigen Menschen in seinen vielfachen Bezügen zum Gegenstand haben. Ihre Aussagen können nicht einfach von einer Skala abgelesen werden, sondern kommen dadurch zustande, daß die unübersehbare Menge von Erfahrungen, eigenen und fremden, aus Vergangenheit und Gegenwart, gedeutet, d.h. von einem größeren Zusammenhang aus als sinnvoll verstanden werden.

Diese Methode der *Deutung* (mit dem lateinischen Fremdwort ‹Interpretation›, mit dem aus dem Griechischen genommenen Wort ‹Hermeneutik› genannt) darf um so glaubwürdiger gelten, je mehr der Forscher, der eine solche Deutung unternimmt, über ein umfassendes Wissen von Tatsachen verfügt und seine Deutung immer wieder einer Kritik unterzieht in dem Bewußtsein, daß mit seinen Methoden Endgültiges nicht zu erreichen ist: Die Ergebnisse der Hermeneutik, die Zusammenhänge *verstehen* will, haben nicht die gleiche Überzeugungskraft wie die der Naturwissenschaften, die die Vorgänge durch Zahlenbeziehungen zureichend *erklären* können.

3,30. Während in den exakten Wissenschaften oft eine mathematische Formel genügt, um einen Sinnzusammenhang, ein Gesetz allgemeinverständlich auszudrücken, ist hierfür in den Geisteswissenschaften meist ein mehr oder weniger langer Text nötig. Dabei ist das Merkwürdige, daß derselbe Sinnzusammenhang, von verschiedenen Menschen dargestellt, in immer verschiedenen Formen erscheint und sogar derselbe Mensch kaum imstande ist, denselben Gegenstand zu verschiedenen Zeiten in exakt derselben sprachlichen Form wiederzugeben.

Was bedeutet das? Es kommt offenbar darauf an, aus der großen Zahl möglicher Darstellungen eines und desselben Sinnzusammenhanges den eigentlichen Sinn zu erfassen, und zwar so, daß er trotz der einmaligen und vielleicht eigenwilligen Form von verschiedenen Lesern als «derselbe» erkannt und besprochen werden kann. Aber wir wissen, daß man eigentlich nie von einer absoluten Gleichheit des Sinnes sprechen kann; in Wirklichkeit können sich die Menschen durch die Sprache immer nur annäherungsweise verständigen.

Hier zeigt sich der große Unterschied zwischen den Methoden der exakten und der Geisteswissenschaften. Bei diesen handelt es sich in erster Linie um die Auslegung von Texten, bei der ein erheblicher Unschärfefaktor nicht zu vermeiden ist. Dabei steht aber doch fest, daß für das Zusammenleben der Menschen die Verständigung durch sprachliche Ausdrucksmittel eine viel größere Bedeutung hat als die durch mathematische Formeln.

Auch das ist zu bedenken: Die menschlichen Gesellschaftsformen und die Maßstäbe für das Zusammenleben sind ja in einem beständigen Wandel begriffen, und mit ihnen wandelt sich ihr Ausdrucksmittel: die Sprache. Eine mathematische Formelsprache müßte, um dem gewachsen zu sein, sich ebenfalls wandeln können: Sie müßte neue Begriffe, neue Grundvoraussetzungen schaffen und sich von «veralteten» Einsichten lösen können (was von geisteswissenschaftlichen Denkweisen nicht selten gefordert wird). Das aber würde ihrem Wesen widersprechen, da die Zeit und die mit ihr gegebene Wandelbarkeit aus dem mathematischen Denken grundsätzlich ausgeschaltet bleiben müssen.

3,31. Wie haben wir uns aber «die Wissenschaft» als Ganzes vorzustellen? Ist sie die Erforschung eines in sich geschlossenen «Gebietes», das irgendwie und irgendwo Grenzen hat, so daß die Wissenschaft etwa nach einem bestimmten Plan vorgehen könnte und die Aussicht hätte, irgendwann einmal «alles» zu wissen und die «ganze Wahrheit» zu besitzen? Etwa so, wie es in der Erdkunde gelungen ist, die früher zahlreichen «weißen Flecken» auf der Landkarte fast ganz zu beseitigen? Oder müssen wir annehmen, daß der menschliche Geist einem «Unendlichen» gegenübersteht, in das er nach Maßgabe seiner Erkenntniskräfte «Forschungsgebiete» hinaustreibt, die von seinen Bedürfnissen und Interessen oder auch nur von seiner Wißbegierde bestimmt sind?

Diese letztere Auffassung würde verständlich machen, daß nicht «alles überhaupt», sondern nur das für den Menschen «Bedeutsame» Gegenstand wissenschaftlicher Forschung sein kann, während bei der ersten Auffassung einmal der Fall eintreten könnte, daß dieses geschlossene Gebiet bis an seine Grenzen vollständig bekannt wäre und der menschliche Erkenntnistrieb aufhören müßte, weil es nichts mehr zu erforschen gäbe.

Fassen wir also den Gang der Wissenschaft so auf, daß der Mensch immer weiter in einen nach Breite *und* Tiefe unendlichen Bereich der Wirklichkeit vorstößt, so wird auch verständlich, daß der Sektor, der einen bestimmten Wissenschaftsbereich darstellt, immer breiter wird, je weiter er sich von seinem Mittelpunkt entfernt: Es wird dann nötig, diesen Sektor aufzuteilen und aus einer Wissenschaft mehrere Teilwissenschaften zu entwickeln. Das ist der Prozeß, der sich in unserer Zeit mit anscheinend zunehmender Geschwindigkeit vollzieht.

Wir dürfen ja auch nicht damit rechnen, daß der bis heute erreichte Entwicklungsstand des menschlichen Geistes etwas Endgültiges wäre; wir müssen doch wohl annehmen, daß der Mensch, wie er sich von der magischen über die mythische zur logischen Denkweise entwickelt hat, von jetzt an nicht etwa stehen bleibt, sondern daß er – das Weiterbestehen der Menschheit vorausgesetzt – vielleicht mit ganz neuen Kräften und Methoden neue Bereiche dessen, was ist, erschließen wird.

3,32. Was läßt sich nun zu dem Verhältnis von Wissenschaft und Philosophie sagen?

Die Entwicklung hat leider dazu geführt, daß sich ein scharfer Gegensatz zwischen Wissenschaft und Philosophie herausgebildet hat. Die Schuld daran – wenn man von Schuld sprechen will – liegt wohl auf beiden Seiten.

Die Wissenschaften betonen die grundsätzliche Gültigkeit ihrer Resultate, während die Philosophie in dem Bestreben, ebenfalls zu beweisbaren und allgemeingültigen Ergebnissen zu kommen, sich weitgehend auf Bereiche zurückgezogen hat, in denen wissenschaftlich beweisbare Ergebnisse nicht gewonnen werden können. Das sind vorwiegend solche Feststellungen, die sich aus einem Vergleich der Lehrmeinungen, Denkrichtungen und Systeme ergeben, so wie sie in der Philosophiegeschichte überliefert sind. Damit aber hört die Philosophie eigentlich auf, «Philosophie» zu sein und wird zu einer Geschichtswissenschaft. (Ein bekannter Philosophieprofessor hat das mit der Bemerkung bedauert, daß die Universitätsphilosophie «zu einer Geschichte ihrer selbst eingetrocknet» sei.)

Es ist daher kein Wunder, daß die Philosophie von den Wissenschaften weitgehend abgelehnt und immer mehr isoliert wird und daß ihr Einfluß auf das geistige Leben geringer geworden ist.

3,33. Es ist eine weit verbreitete Meinung, daß die Philosophie ‹etwas› sei und die Wissenschaft ‹etwas› anderes. Das würde bedeuten, daß ein Gelehrter entweder wissenschaftlicher Forscher oder Philosoph sei.

In Wirklichkeit sind beide, Wissenschaft wie Philosophie, immer aufeinander angewiesen: Der «Wissenschaftler» ist dies nie «rein»; er denkt über seine Wissenschaft hinaus, prüft seine Forschungsergebnisse kritisch, reflektiert über seine Methoden und deren Resultate, ob sie in sich ‹stimmig› sind, was aus ihnen für die weitere Forschung oder für eine mögliche Fruchtbarmachung auf ganz außerhalb der Wissenschaft liegende Bereiche folgt. Auch neue Gesichtspunkte, Ideen, Aufgaben für seine Forschung ergeben sich durchaus nicht immer nur als Folgen seiner wissenschaftlichen Methoden.

Wenn es so schwer ist, hierüber zu einer Verständigung zu kommen, so liegt das daran, daß schon darüber, was überhaupt «Philosophie» ist, keine Einigkeit besteht.

Versuchen wir – mit allem Vorbehalt – eine einfache Aussage darüber zu machen, was Wissenschaft und Philosophie unterscheidet:

Der Auftrag der Wissenschaft ist die *Forschung*, d.h. ein Weiterbauen an einem systematischen Wissen auf der Grundlage des jeweils Erreichten. Das ‹Weiterfragen› ist für sie gleichzeitig der Auftrag, auf bündige Antworten hinzuarbeiten.

Der Prozeß der Philosophie ist die *Reflexion,* die an beliebigen Punkten ansetzen kann. Für sie ist das ‹Weiterfragen› ein offenes Fragen; sie muß sich hüten, die Antworten, die sich anbieten, als Forschungsergebnisse im Sinne der Wissenschaft zu deklarieren.

3,34. Die Philosophie muß in dreierlei Hinsicht *universal* sein:
1. sie muß in ihr Fragen alles einbeziehen, was überhaupt ist;
2. sie muß nach den letzten Gründen fragen, d.h. nach den Prinzipien des Seins, des Wissens und des Handelns;
3. sie muß ihre Fragen so stellen, daß die möglichen Antworten allgemeingültig sein können.

Zugleich muß sie damit rechnen, daß in allen diesen Bereichen endgültige Antworten nicht möglich sind. Ihre Ziele sind *unendliche* Ziele. Die metaphysische Spekulation versucht trotzdem, diese unendlichen Ziele zu erreichen; und wenn ein spekulativer Philosoph behauptet, ein solches Ziel erreicht, d. h. die absolute Wahrheit gefunden zu haben, so darf er sich nicht wundern, wenn die Kritik der Wissenschaft über ihn herfällt und ihn verächtlich macht. Von daher hat sich die Verachtung, die Ablehnung, mindestens aber die Gegnerschaft gegen die Philosophie von seiten der Wissenschaft entwickelt und auf alles Philosophieren überhaupt ausgedehnt.

3,35. Eine tiefe Einsicht in das Verhältnis von Wissenschaft und Philosophie vermittelt ein Wort des Physikers und Nobelpreisträgers Max von Laue (gestorben 1960): «...daß sich sämtliche Wissenschaften um die Philosophie als ihr gemeinsames Zentrum herumgruppieren müssen, so daß der Dienst an ihr ihr eigentlicher Zweck ist. So, und nur so, ist gegenüber der unaufhaltsam fortschreitenden Spezialisierung der Wissenschaften die Einheit der wissenschaftlichen Kultur zu wahren, jene Einheit, ohne welche diese ganze Kultur dem Zerfall geweiht wäre.»

3,36. Wissenschaft und Philosophie sollten gemeinsam der Frage nachgehen: Was wissen wir (noch) nicht von der Welt? Die Wissenschaften kennen die Probleme, an deren Lösung sie arbeiten müssen, genau; aber viele der weiterhin offenen Fragen werden kaum erwähnt und kommen dem Nichtfachmann, dem Laien, oft gar nicht zum Bewußtsein.

Deshalb sollte unsere Frage: Was kann ich von der Welt wissen? ehrlicherweise mit einem kurzen Blick auf solche offen bleibende Probleme abgeschlossen werden, die jeden Philosophierenden beunruhigen, Fragen nach dem Wesen der Welt, nach dem Sinn des Lebens, nach den Grenzen unseres Wissens.

Man weiß noch nicht, wieso ein Stein, in die Luft geworfen, zur Erde niederfällt. «Die Schwerkraft» ist nur ein Wort; aber was beim freien Fall zwischen dem Stein und der Erde vor sich geht, weiß man nicht. Schließlich wissen wir nicht, was eine «Kraft» ist. Wir können sie berechnen und in bildhaften Vorstellungen versuchen, ihre Wirkung zu verstehen. Dann benennen wir dieses rätselhafte Phänomen nach dem, was wir in uns fühlen, wenn wir unsere «Kraft» für eine Arbeit einsetzen.

Ferner: Was ist der «Raum»? «Gibt es» «den» Raum? Kann man sich einen völlig leeren Raum ohne alle Gegenstände vorstellen? Genauso steht es mit der Zeit: «Gäbe es» «Zeit», wenn überhaupt nichts geschähe?

Auch wissen wir nicht, wie «Leben» einmal aus der «toten» Materie entstanden ist oder ob es vielleicht schon immer mit ihr zusammen dagewesen ist.

Wir wissen nicht, wie diese in so ungeheuren Zeiträumen verlaufene Entwicklung von den einfachsten Lebensformen zu solch komplizierten Organismen hat vor sich gehen können, wie der Mensch einer ist. Ob hier eine ursprünglich treibende Lebenskraft als Ursache gewirkt hat, ob diese unerklärliche Entwicklung zu einem vorgefaßten Ziel hinstrebt und ob der Mensch etwa gar dieses Ziel oder nur eine Durchgangsstufe zu einem noch höheren Ziel ist. Schließlich wissen wir nicht, ob in einer Weltordnung festgelegt ist, was der Mensch von der Welt, von dem Sinn seines Lebens durch sein Denken erfahren kann und darf, oder ob er gar ein Spielball des Zufalls ist.

(4) Was weiß ich von mir selber?

4,1. Das erste, was ich von mir weiß, scheint doch zu sein, daß ich «bin». Das muß, meinen wir, doch nicht noch ausdrücklich bewiesen werden.

Und doch hat der französische Philosoph Descartes, der während des Dreißigjährigen Krieges lebte, einen Satz ausgesprochen, der oft zitiert wird und von dem an man sogar den Beginn der neuzeitlichen Philosophie datiert hat: «Ich denke, also bin ich.» Aus der Tatsache, daß ich denke, soll also die Gewißheit folgen, daß ich überhaupt bin: sehr merkwürdig!

Wir wollen aber diese logische Schlußfolgerung nicht auf ihre Berechtigung untersuchen, sondern einfach feststellen, daß sogar die Tatsache meiner Existenz offenbar ein philosophisches Problem ist.

Ganz außer Zweifel scheint aber zu sein, daß ich mindestens ein Gefühl meines eigenen Daseins habe: Ich bin mir bewußt, «ich» zu sein.

Können wir hier nun philosophisch weiterfragen? Kann ich mein Ichbewußtsein als Teil eines umfassenden Ganzen ansehen, d.h. es «verstehen»? Offenbar nicht. Es scheint also unmöglich zu sein, «hinter mein Ichbewußtsein zurückzufragen». Zwar hat sich wohl mancher schon einmal die Frage gestellt, ob er, ob dieses sein «Ich» früher schon einmal existiert hat. Dann müßte dieses «jetzige» Ich doch wohl eine Art Erinnerung an das «damalige» Ich haben, wenn es «dasselbe» sein soll. Das ist offenbar nicht der Fall.

4,2. Was *ist* das Ich nun aber? Vielleicht können wir sagen, daß es der zentrale Kern, der eigentliche Mittelpunkt (oder Bezugspunkt) alles dessen ist, was wir erleben und was wir tun. Jedenfalls geht das aus unseren sprachlichen Äußerungen hervor, in denen das Ich sieht, hört, sich freut, empört ist, etwas «meint», überlegt, plant, entscheidet, handelt und auch etwas bereuen kann.

Rätselhaft ist dabei vor allem das Bewußtsein, daß das Ich während des ganzen Lebens «dasselbe» ist; denn es ist unmöglich, etwas anderes zu denken, als daß «ich» es war, von dem ich die Erinnerung habe, daß «er» im Alter von sechs Jahren zum erstenmal auf einer Schulbank gesessen hat und heute noch den Blick aus dem Klassenfenster beschreiben könnte.

Sehr eigenartig ist dabei die Tatsache, daß es Augenblicke gibt, in denen ich von einem Erlebnis so gefesselt bin, daß der Gedanke an «mein Ich» gar nicht aufkommt, wohingegen ich bisweilen in mein rätselhaftes Ich völlig versunken bin und «mit mir allein sein» kann.

4,3. Wir haben es unserer neuen Frage: «Was weiß ich von mir selber?» nicht angesehen, wie problematisch sie ist, ja, daß sie uns unmittelbar in das Innerste unseres Menschseins hineinführt und uns dessen ganze Rätselhaftigkeit zum Bewußtsein bringt.

Wie, wenn wir uns jetzt noch fragen, wie es wohl dazu gekommen ist, daß in den Jahrmillionen, in denen sich der Mensch allmählich aus dem Tier entwickelt hat, dieses Wesen zum erstenmal zu sich selber «Ich» sagen konnte? Geschah das schlagartig, fuhr es wie ein Blitz in dieses dämmernde Empfinden, und entstand so das Ichbewußtsein des ersten Menschen? Oder war es ein langsamer Vorgang, der allmählich aus jenem Dämmerzustand über ein dumpfes Ahnen das Ichbewußtsein zur vollen Klarheit sich entwickeln ließ?

Niemand kann hierauf eine zuverlässige Antwort geben. Auch kann man aus der Tatsache, daß beim kleinen Kind etwa im dritten Lebensjahr der Augenblick kommt, wo es zum erstenmal «Ich» sagt, nicht auf eine Art «Schöpfungsakt» beim «ersten» Menschen schließen; denn wir haben keine Möglichkeit, zu beobachten, welche Entwicklungsstufen im kindlichen Gehirn diesem Augenblick vorausgehen, den wir als «Ichfindung» bezeichnen.

4,4. Weiß ich also im Grunde genommen gar nichts von mir, wenn ich weder etwas über mein Ich noch über die Entstehung meines Ichbewußtseins sagen kann? Nun, ich bin ja nicht nur ein reines Ich ohne jeden Inhalt; ich bin ein Lebewesen, das denkt und spricht. Ich weiß, daß ich mit Hilfe meines Gedächtnisses ein reiches Wissen speichern kann und daß sich Erinnerungen, Erfahrungen, Überzeugungen, Grundsätze, Absichten, Pläne und ein Wille in mir vorfinden. Dazu kommt ein Bewußtsein, daß ich über das alles frei verfügen kann.

Oft aber kommen mir Zweifel darüber, ob ich wirklich Herr meiner selbst bin, ob all das, was da in meinem Inneren vorgeht, wirklich so ist, wie ich es empfinde. Wenn es richtig ist, daß «Wissen» immer ein Subjekt voraussetzt, das weiß, und ein Objekt, das Inhalt oder Gegenstand des Wissens ist, so muß ich auch dann, wenn ich glaube, etwas von mir zu wissen, zwischen Subjekt und Objekt unterscheiden.

Was bedeutet das? Daß ich in diesem Falle Subjekt und Objekt zugleich bin. Aber ist denn dann überhaupt echtes Wissen möglich? Wir sagten ja schon, daß Wissen sich immer auf einen Gegenstand bezieht, auf ein Gegenüber, das zu dem Wissenden in einem bestimmten Gegensatz, in einer gewissen Distanz steht. Davon kann aber im Falle der Selbsterkenntnis keine Rede mehr sein: Ich bin mein eigener Gegenstand; es kann in diesem Falle also keine Distanz zwischen Subjekt und Objekt geben.

Hier liegt in der Tat die größte Schwierigkeit für den, der mit dem berühmten griechischen Spruch «Erkenne dich selbst» Ernst machen will.

4,5. Nun könnte man im Gegenteil sagen, daß ich ja gerade dadurch, daß ich gleichzeitig Subjekt und Objekt bin, viel genauer den Gegenstand meiner Erkenntnis erfassen kann, als wenn mir dieser – wie bei der Welterkenntnis – immer in einer gewissen Distanz fremd gegenübersteht und ich sein «Wesen» mit Mühe erschließen muß. («Ins Inn're der Natur dringt kein erschaff'ner Geist», sagt der Dichter von Haller!) Dann müßte ich also mich selber viel besser erkennen können als die Welt, da ich ja immer schon «im Inneren meiner eigenen Natur» bin.

Aber eine einfache Überlegung macht diese Hoffnung wieder zunichte. Gerade, daß die «Distanz» fehlt, macht uns neue Schwierigkeiten: Was ich von der Welt weiß, kann ich jederzeit auf seine Richtigkeit prüfen dadurch, daß ich es mit den Dingen, den Gegenständen, mit der «Wirklichkeit» vergleiche. Oft genug muß ich mein Wissen korrigieren, wenn es sich als nur vorläufig gültig oder als falsch herausstellt oder die «Dinge» sich geändert haben.

Es kommt noch etwas anderes hinzu: Als Subjekt der Selbsterkenntnis habe ich eigentlich immer ein heimliches Interesse daran, mich so zu sehen, daß ich «mit mir zufrieden sein kann». Die guten Seiten werden dann in den Vordergrund geschoben, die für das Gesamtbild weniger vorteilhaften gern übersehen. Wieviel ehrliche Selbstkritik ist dann nötig, das dem Subjekt so richtig erscheinende Selbstbildnis zu korrigieren! Das wäre schon äußerst schwierig, wenn der Mensch immer zu dem klaren Blick, der ruhigen Selbstbeobachtung und einer ehrlichen Selbstkritik fähig wäre. Nun, jeder von uns weiß, daß oft gerade in den entscheidenden Augenblicken, in denen persönliche Wünsche und Interessen, Triebkräfte, Liebe und Haß, überhaupt alle Arten von Erregungen uns beherrschen, eine solche ehrliche Selbstbesinnung so gut wie ausgeschlossen ist.

Wenn ich mich aber gerade in solchen Situationen nicht selber zuverlässig beobachten kann, muß mir wohl ein wesentlicher Teil meines «Selbst» immer verborgen bleiben.

4,6. Hier kommt uns aber eine Wissenschaft zu Hilfe, die sich zur Aufgabe gemacht hat, über denjenigen Teil des Menschenwesens, der so schwer zu fassen und unmittelbar überhaupt nicht objektiv zu beobachten ist, doch Aussagen zu machen. Auf Grund langer Erfahrungen und systematischen Vergleichens und dadurch, daß viele Gelehrte in der ganzen Welt ihre Forschungsergebnisse austauschen, sich gegenseitig kritisieren und korrigieren, hat diese Wissenschaft einen hohen Grad von Zuverlässigkeit gewonnen und kann wichtige Beiträge für unsere Selbsterkenntnis liefern.

Es ist die Psychologie, die das Seelenleben des Menschen zum Gegenstand hat und sowohl für die Philosophie wie vor allem für die Heilkunde wesentliche Erkenntnisse gewonnen hat.

Wenn wir von der einfachen Tatsache ausgehen, daß wir leben, so ist damit zugleich gesagt, daß unser Organismus ständig in Bewegung ist. Denn: Hört jede Bewegung auf, so ist der Organismus tot.

Nun muß es aber Triebkräfte geben, die diese Bewegung unterhalten, die sonst infolge von Widerständen und Gegenkräften zum Stillstand käme. Es muß also sozusagen immer etwas geschehen, damit Leben erhalten bleibt. Denn alles Leben ist dreifach ständig von Vernichtung bedroht: von Altern und Sterben, von anderen Lebewesen, die Nahrung brauchen, und von den mechanischen Kräften der «toten» Materie. Nun, das heißt, daß die Kräfte, über die der Organismus «verfügt», irgendwie zur Wirkung gebracht werden, irgendwoher «Impulse» bekommen müssen. Für diese Anstöße, die für den Organismus lebenswichtig sind, verwendet die Psychologie den Begriff «Reize».

In der Alltagssprache machen wir bisweilen einen Unterschied zwischen Reizen, Antrieben und Anregungen. Von Reizen sprechen wir schon dann, wenn es sich um eine Einwirkung auf den Organismus handelt, der dann auf diesen Reiz irgendwie reagiert. Wir können also sagen, daß in dem Zusammenspiel von Reiz und Reaktion der eigentliche Lebensvorgang gesehen werden muß. Auch alle körperlichen, seelischen und geistigen Bedürfnisse drängen nach Erfüllung und steuern so als Reize den Lebensvorgang.

Von Antrieben sprechen wir gewöhnlich dann, wenn wir eine gewünschte oder beabsichtigte Reaktion vorweg denken und uns überlegen, welcher Reiz zu diesem Ziel hinführt. Das ist dann der «Antrieb». Wenn ich z.B. einen Schüler dazu veranlassen will, fleißig zu sein, so wäre der Erfolg meiner Bemühung die Reaktion, die ich im Auge habe. Ich muß mir überlegen, welche Antriebe diese Reaktion auslösen könnten. Unter vielen möglichen – es könnte gutes Zureden, Ermahnung, Strenge, Aussicht auf eine Belohnung usw. sein – werde ich diejenigen Antriebe wählen, die bei diesem Schüler und in diesem Fall Erfolg versprechen.

Unter Anregung verstehen wir dann im allgemeinen Reize, die in geistigen Bereichen eine Reaktion hervorrufen können oder sollen. So sprechen wir von Anregung durch Musik, durch Theaterbesuch, durch Reisen, von denen wir uns eine ganz bestimmte Wirkung, ja sogar eine Steigerung unseres Lebensgefühls erwarten. Wir reisen doch gern in eine «reizvolle» Landschaft und fühlen uns anderswo gelangweilt, wenn die Landschaft «eintönig» ist.

Nun haben aber Reize die Eigenschaft, daß ihre Wirkung nachläßt, wenn sie längere Zeit in derselben Weise, in derselben Stärke auf denselben Organismus wirken. Wenn jemand eine lange, wenig «reizvolle» Rede hält, so hört man schließlich gar nicht mehr hin: Die Reaktion bleibt aus. Oder wäre man gezwungen, ein und dasselbe Bild lange Zeit ununterbrochen anzustarren, so würde das vielleicht anfängliche Wohlgefallen bald in Langeweile übergehen und zur Qual werden. Hieraus erklärt sich, daß das, was man Abwechslung nennt, geradezu lebensnotwendig ist. Auch das Bedürfnis, den «Alltag» durch Feiern und Feste, die Arbeit durch «Freizeit» zu unterbrechen, findet hier seine psychologische Erklärung und Rechtfertigung.

Eine traurige Bestätigung findet diese Tatsache durch Berichte von Folterungen, denen Gefangene in früherer Zeit ausgesetzt waren und leider auch heute noch sind dadurch, daß sie gezwungen wurden, stunden- oder tagelang ohne Unterbrechung in derselben Stellung zu verharren, oder daß sie einem gleichbleibenden Reiz, etwa einem auf den Kopf in immer gleichen Abständen fallenden Wassertropfen, ausgesetzt waren. Wahnsinn soll die Folge davon gewesen sein. Bei Gefangenen gilt schon die Einzelhaft als besonders schwere Strafe; durch das Fehlen aller Reize ist jede Reaktion, also jedes Lebensgefühl, abgedrosselt.

4,7. Wir sind uns bewußt, daß wir in uns etwas vorfinden, was man ganz allgemein als «Gefühl» bezeichnet. Wir empfinden Gefühle als innere Zustände, die aber mit körperlichen Vorgängen, mit unserem Erleben und unserem Handeln zusammenhängen, die sie als Freude, als Beglückung, als Stolz nach einem Erfolg, bei Mißlingen und Versagen als Ärger, Trauer, Verzweiflung begleiten. Aber sie beeinflussen auch andrerseits unser Denken und Handeln weitgehend – im Guten wie im Bösen – und sind sogar fähig, als «Gefühlsaufwallungen» jedes vernünftige Denken zu überrennen. Das zu wissen ist für unsere Selbsterkenntnis wichtig. Wir müssen voraussehen können, in welchen Situationen wir der Gefahr ausgesetzt sind, durch Gefühlsausbrüche unsere Selbstbeherrschung zu verlieren.

Nun scheint es, daß wir in einer Zeit leben, in der die Bereitschaft der Menschen, ihre Affekte zu zügeln, immer mehr schwindet und die Angriffslust, die Aggressionen im Verkehr untereinander im kleinen wie im großen rapide zunehmen. Deshalb ist es kein Wunder, daß dieses Phänomen immer wieder Gegenstand psychologischer Untersuchungen und öffentlicher Diskussionen ist. Dabei zeigt es sich, wie schwer es ist, eine Grenze zu ziehen zwischen dem berechtigten Bestreben jedes Menschen, sich durchzusetzen, und der Aggression, wenn sie sich rücksichtslos zum Schaden des anderen zu befriedigen sucht.

Wir müssen dabei das eine bedenken: Die Aggressivität hat ihre Wurzel in der tierischen Vergangenheit des Menschen; aber ihm ist es gelungen, den Aggressionstrieb immer vollkommener zu befriedigen; und zwar haben sich die Kampfmittel dafür schneller vervollkommnet als die Mittel, die die Menschheit *gegen* die verheerenden Wirkungen ihres Aggressionstriebes hätten entwickeln müssen.

4,8. Diese Mittel hätten eine moralische Kraft sein müssen. Aber was ist das? Äußert sich moralische Kraft in einem peinlich genauen Beachten von Vorschriften, die sich die Gesellschaft gegeben hat und gibt, um den Menschen vor dem Menschen zu schützen? Das hieße lediglich, sich einer «Macht» beugen, und daran wäre noch nichts «Moralisches».

Wenn wir also von einer Kraft sprechen, dann muß das etwas sein, was nicht von außen kommt, sondern von innen wirkt, also im Menschen selber lebt. Was läßt sich aber über eine solche innere Kraft sagen? Wie soll es in uns aussehen, damit diese innere Kraft sich entwickeln und jederzeit zuverlässig wirken kann?

Wir hatten schon davon gesprochen, daß wir in uns gewissermaßen zwei Instanzen feststellen können, die sich wie Subjekt und Objekt verhalten, oft sogar als Gegner einander gegenüberstehen und miteinander zu kämpfen scheinen. Wie kann sich aber in einem solchen Spannungsverhältnis eine «moralische Kraft» entwickeln?

Nun, wo es Feindschaft gibt, ist auch Freundschaft möglich. Also muß es auch in uns selbst einen Zustand geben, von dem wir sagen können, daß er der Freundschaft zwischen zwei Menschen ähnlich ist, d.h. daß der Mensch einer Freundschaft mit sich selbst fähig ist.

Was kann das aber bedeuten: «Freundschaft mit sich selbst»? Erinnern wir uns, daß wir (4,5), als wir über Selbstbesinnung sprachen, zwischen dem «Ich» und dem «Selbst» unterscheiden mußten. Das sind offenbar die beiden Partner dieser möglichen «Freundschaft mit sich selbst», und zwar dann, wenn sie es dahin gebracht haben, das unbändige Triebleben und die übermäßigen Aggressionen zu zügeln und störende Emotionen, wie Ärger, Gereiztheit, Nervosität und Unrast, niederzuhalten.

Das bedeutet nun nicht, daß man alles vermeiden sollte, was den «Seelenfrieden» oder die «Windstille der Seele», wie es die Griechen nannten, stören könnte; die «Freundschaft mit sich selbst» ist keine Aufforderung, sich von allem zurückzuziehen, «der Welt den Rücken zu kehren»; denn gerade in dem Kontakt mit der Welt (als ‹Reizquelle›) und dem intensiven Zusammenleben mit unserer Umgebung haben wir ja unsere eigentliche Lebensform erkannt.

«Freundschaft mit sich selbst» bedeutet innere Festigkeit, Selbstgewißheit und wird damit zur Voraussetzung für gute, fruchtbare, sinnvolle Kontakte mit der Welt – den Dingen und den Menschen. Denn nur aus der inneren Geschlossenheit entsteht das richtige Verhältnis zu Arbeit und Leistung, die Freude am Können, die – wie wir meinen – die Bestätigung einer echten «Freundschaft mit sich selbst» sind. (Wenn wir in diesem Zusammenhang von einem «Ich» und einem «Selbst» sprechen, wenn beide in gewissem Sinn einander gegenüberstehen, so ist dies nur ein Versuch, dieses rätselhafte Geschehen in uns in seinen verschiedenen Formen mit Hilfe des begrifflichen Denkens einsichtig zu machen. Von einer Zweiteilung, einem Dualismus der Person, soll damit nichts gesagt sein.)

4,9. Nun müssen wir etwas weiter ausholen, um einen anderen Einblick in unser eigenes Wesen zu gewinnen.

Von jeher haben die Philosophen die geistige Entwicklung des

Menschen damit in Verbindung gebracht, daß er aufrecht gehen lernte. Das heißt, er mußte lernen, seinen Körper im Gleichgewicht zu halten. Dazu dient ihm der Gleichgewichtssinn, der im Ohr lokalisiert ist, aber durch die Augen und die Fußmuskulatur ergänzt wird. (Dabei dürfen wir wohl annehmen, daß die vielen senkrechten Linien, die der Mensch um sich herum wahrnimmt und die er sich zusätzlich durch die Technik schafft, als Stützen wirken, als «Haltepunkte» für das Auge.)

Wichtig ist aber hier für uns – und das ist wohl mehr als ein Vergleich –, daß dieses Bedürfnis nach einem Halt, nach einer Stütze, auch das seelische und geistige Leben bestimmt. Schon das Verhältnis von Reiz und Reaktion können wir so auffassen, daß der Organismus versucht, das Gleichgewicht, das durch den Reiz gestört wird, durch seine Reaktion wiederherzustellen. (Die Forschung hat festgestellt, daß das Leben jeder einzelnen Zelle in unserem Körper von diesem Gesetz bestimmt wird.)

Fragen wir also zunächst, was das für den Bereich des Seelischen bedeuten kann. Obwohl – wie wir wissen – ein Zustand der absoluten Ungestörtheit gar nicht wünschenswert sein kann, weil er ja das Gegenteil von Leben wäre, haben manche philosophische Lehren empfohlen, die Reaktion auf die Reize der Umwelt überhaupt zurückzudrängen, wenigstens «sich nicht erschüttern zu lassen», dadurch die Leiden zu mildern, vor allem aber die Leidenschaften in Schranken zu halten. Griechische Philosophen haben von einer «Windstille der Seele» gesprochen, haben aber damit durchaus nicht gemeint, man müsse sich von aller Tätigkeit etwa im öffentlichen Leben zurückziehen.

Auch wenn wir heute in einem ähnlichen Sinne von «Gelassenheit» sprechen, heißt das nicht, daß wir gegenüber allem, was uns begegnet, gleichgültig, uninteressiert bleiben sollen. Das wäre gleichbedeutend mit einer Schwäche der Reaktionsfähigkeit.

Gelassenheit kann nur bedeuten, die Dinge, die Ereignisse, auch die Menschen nicht so stark auf uns wirken zu lassen, daß wir bei jedem Anlaß «außer uns geraten», sei es in Schrecken, in Zorn oder gar in sinnlosem Zurückschlagen.

Gelassenheit ist mit dem Bewußtsein verbunden, daß ich Herr bin über meine Reaktionen. Im Sinne des Aristoteles würden wir Gelassenheit ansehen als die richtige Mitte zwischen «wildem Aufbrausen» und einem schlaffen «Alles-geschehen-lassen».

Gelassenheit ist keine Schwäche; sie erfordert Kraft und eine Entschiedenheit, die durch Selbsterziehung gewonnen wird.

4,10. Wir haben davon gesprochen, daß das Auge «Anhaltspunkte» braucht, nach denen es sich orientieren kann, um zur Aufrechterhaltung des Gleichgewichts beizutragen.

Könnten wir nun nicht auch eine wesentliche Aufgabe unseres Denkens darin sehen, solche «Anhaltspunkte» zu setzen, die so unverrückbar sein müßten, daß wir uns jederzeit an ihnen orientieren können?

Wenn wir uns daran erinnern, was wir über die Funktion der Begriffe, über «Naturgesetze», über mathematische und logische Beweise gesagt haben, so müssen wir zugeben, daß all das darauf hinausläuft, so etwas wie eine «gleichbleibende Wirklichkeit» zu gewinnen, die aus lauter sicheren und unverrückbaren Orientierungspunkten besteht. Dieses Bedürfnis ist so stark, daß wir normalerweise davon überzeugt sind, daß einem Begriff immer etwas «Wirkliches» entspricht; denn nur so können ja Begriffe ihre Funktion als «Festhaltepunkte» erfüllen.

Nun haben wir aber (1,8) festgestellt, daß auf die Geltung der Begriffe wenig Verlaß ist, daß ihre Bedeutung schwankt, je nachdem, in welchem Zusammenhang sie stehen und von wem und in welcher Absicht sie gebraucht werden. Dann kommt es zu dem «Streit um Worte», der im Idealfalle als Versuch gedeutet werden kann, die Sicherheit im Wortgebrauch zu gewinnen.

Treten nun aber schon in unserem eigenen Denken Fälle ein, die regelwidrig sind oder sich in gar keine Gesetzmäßigkeit einordnen lassen, oder treten Widersprüche auf, so wirken sie auf unser Denken als Reize, auf die es mit dem Versuch reagiert, die Ursache dieser «Unordnung» festzustellen und zu beseitigen.

Auch im Zusammenleben der Menschen kennen wir solche «Anhaltspunkte»: Alles, was uns im Brauchtum, in Sitte, in Normen des Verhaltens, als gesellschaftlicher Takt entgegentritt, hilft uns, in unserem «öffentlichen Auftreten» das «Gleichgewicht» zu bewahren.

4,11. Von dieser grundlegenden Einsicht aus können wir am besten verstehen, daß der Mensch versuchen mußte, irgendwie von den Regionen seiner selbst Kenntnis zu erhalten, die sich der unmittelbaren Beobachtung entziehen. Das konnte nur dadurch geschehen, daß man bestimmte Lebensäußerungen und Reaktionsweisen daraufhin untersuchte, woher ihre Antriebe kommen. Denn daß nicht alles, was der Mensch denkt, empfindet, will und plant, aus dem reinen Ichbewußtsein, aus dem «Licht der Vernunft» stammt, hat man schon immer geahnt; nur hatte man hier oft von der Wirkung dämonischer Mächte oder gar von einer Verführung durch den Teufel gesprochen.

Erst seit etwa hundert Jahren hat sich die Auffassung durchgesetzt, daß unterhalb unseres Bewußtseins Kräfte wirksam sind, die wir nur an ihren Wirkungen erkennen können. Man nennt diese Region das «Unbewußte», auch das «Unterbewußte». Eine systematische Erforschung dieser Region des «Unbewußten» hat in unserem Jahrhundert begonnen und zu einer neuen Wissenschaft geführt, die meist «Tiefenpsychologie» genannt wird. (Als ihr Hauptvertreter gilt Sigmund Freud, gest. 1939.)

Wir wollen nur festhalten: Diese neue Wissenschaft vom Unbewußten gibt viele – verwirrend viele – Antworten auf unsere Frage. Dabei sind ihre Forschungen vor allem darauf gerichtet, krankhafte Zustände der menschlichen Seele oder abwegige Verhaltensweisen auf ihre Ursachen hin zu untersuchen und aus dieser Erkenntnis Mittel und Methoden zu ihrer Heilung zu finden.

4,12. Von diesen Forschungen und ihren Ergebnissen wollen wir als Beispiel nur eines behandeln, weil es am leichtesten zu verstehen ist und eigentlich uns alle betrifft.

Oder gibt es einen Menschen, dem es völlig gleichgültig ist, was andere von ihm denken, ob er «für voll genommen» oder überhaupt beachtet wird? Ist nicht jeder «normale» Mensch bestrebt – ja als Mitglied der menschlichen Gesellschaft darauf angewiesen, als gleichberechtigt mit den Personen seiner Umgebung zu gelten? Nun, dieses anscheinend selbstverständliche Recht ist in der menschlichen Gesellschaft durchaus nicht allgemein verwirklicht; allenthalben, von der Familie angefangen über die Wirtschaft bis hinein in die hohe Politik, beobachten wir im großen wie im kleinen ein Streben nach Geltung, nach Anerkennung, das sich sogar in heftigen Machtkämpfen äußern kann. Schon im Kindergarten oder beim Spiel auf der Straße, vor allem unter Geschwistern einer Familie, wirkt sich dieser «Wille zur Macht» mehr oder weniger heftig aus: Man möchte sich hervortun, mehr wissen und können als die anderen und in primitiven Verhältnissen einfach mehr haben.

Fühlt sich ein Kind (denn gerade für die Entwicklung des heranwachsenden Menschen sind diese Einsichten von besonderer Bedeutung) anderen unterlegen, sei es, daß es einen körperlichen oder geistigen Schaden hat, sei es, daß ein solcher Defekt auch nur eingebildet ist oder das Kind sich von den Eltern zurückgesetzt fühlt oder von den Geschwistern unterdrückt wird, so kann sich zunächst ein Gefühl der Minderwertigkeit entwickeln, das sich aber leicht zu einem Komplex steigert, d.h. zu einem bis ins Unbewußte hinabreichenden Gefühl der Wertlosigkeit, das dem Kinde jedes Selbstvertrauen und die unentbehrlichen Antriebskräfte zu eigener Leistung nimmt. Wenn sich das Kind aber nicht völlig entmutigen läßt, dann versucht es, auf irgendeinem anderen Gebiet (die Psychologen sagen: auf einem «Nebenkriegsschauplatz») sich Anerkennung und Geltung zu verschaffen, also das Minderwertigkeitsgefühl zu «überkompensieren», und zwar durch Aufsäßigkeit, Ungezogenheit und Streiche aller Art.

Bewußt können dem Kinde diese Zusammenhänge nicht werden, da es ja die Situation, unter der es leidet, als gegeben hinnimmt, ohne auf den Gedanken zu kommen, daß und wie es auch anders sein könnte. Aber leider nimmt oft ein Kind, das in solch einer Abwehrhaltung aufgewachsen ist, diese negative Einstellung zu seiner Umgebung mit ins spätere Leben, und die Wirkungen einer solchen Fehlhaltung können das Zusammenleben mit anderen von vornherein vergiften, zum mindesten Störungen hervorrufen, die man sich nicht erklären kann, da man von ihrer Entstehung nichts weiß.

4,13. Die hier als Beispiel behandelte Richtung der Tiefenpsychologie geht im wesentlichen auf Alfred Adler, einen Mitarbeiter von Sigmund Freud, zurück. Sie ist bekannt unter dem Namen Individualpsychologie. Wie wir gesehen haben, versucht sie, seelische Nöte, besonders im Jugendalter, besser zu verstehen, zu lindern oder ganz zu heilen, vor allem aber Fehlentwicklungen, wie wir sie geschildert haben, schon frühzeitig zu erkennen oder zu verhüten.

Nun ist aber der Geltungstrieb des Menschen durchaus nicht nur eine Quelle seelischer Leiden. Der «Nebenkriegsschauplatz», auf dem der Mensch seine Minderwertigkeitsgefühle überkompensieren möchte, kann durchaus ein Gebiet sein, auf dem der Einzelne wertvolle Arbeit leistet, weil er sich hervortun, Achtung erwerben, seine Umwelt zwingen will, ihn anzuerkennen.

Wenn wir uns selber gegenüber ehrlich sind, wird es wohl jedem von uns gelingen, festzustellen, daß manches von dem, was wir im Leben geleistet haben – ja vielleicht sogar unsere Berufswahl –, damit zusammenhängt, daß unser Geltungsstreben mit im Spiel war. Ganz natürlich ist es ja, daß jeder da, wo er glaubt, das Beste leisten zu können, auch seine volle Kraft einsetzt, und sicher hat die Menschheit viele große Leistungen, Erfindungen und Entdeckungen diesem natürlichen Geltungstrieb des Menschen zu verdanken.

4,14. Eine andere Form des Geltungsstrebens ist die Eitelkeit. Der eitle Mensch möchte durch sein äußeres Gehabe, durch seine Haltung, durch die Wahl seiner Worte den Eindruck eines besonders klugen, geistreichen, begabten Menschen machen, um sich dadurch den Genuß allgemeiner Hochachtung zu verschaffen.

Infolgedessen reagiert der eitle Mann, wenn diese Anerkennung nicht genügend zum Ausdruck kommt, wenn sie ganz ausbleibt oder gar durch Kritik ins Gegenteil umschlägt, äußerst empfindlich; er fühlt sich verkannt und beleidigt. Gegen diese menschliche Schwäche gibt es kein anderes Mittel als die Selbstprüfung, die Selbsterkenntnis und die Selbsterziehung. Bloße Gelehrsamkeit schützt jedenfalls durchaus nicht davor, sich durch Eitelkeit vor den Zeitgenossen lächerlich zu machen; viele Beispiele aus der «gelehrten Welt» sind Beweis dafür.

4,15. Die Tiefenpsychologie hat von Anfang an viele wichtige Triebkräfte im Menschen erforscht; und – wie es so oft bei jungen Wissenschaften geht – so hat sich auch hier eine Unzahl von Strömungen und Gegenströmungen entwickelt. Das wird verständlich, wenn man sich bewußt macht, wie reich, aber auch wie unübersichtlich unser Triebleben ist. Wir wissen heute viel über unsere Triebe, vor allem auch darüber, wie plötzlich sie zu einer gefährlichen Stärke anwachsen und dann jede ruhige Überlegung und unsere sittlichen Grundsätze überrennen können. Was wir hier wissen müssen, ist, daß die Triebe eine unentbehrliche Voraussetzung des Lebens sind, also zum Menschsein selber gehören. Aber Aufgabe jedes einzelnen Menschen ist es, einzusehen, daß es nötig ist, eine ständige Kontrolle über die Triebe auszuüben und sie sich nicht hemmungslos auswirken zu lassen. Denn dadurch würde unser Selbst als Kontrollinstanz ausgeschaltet und kann dann nicht mehr – was seine Aufgabe ist – das geordnete Verhältnis zur Umwelt aufrechterhalten. Und darauf beruht ja letzten Endes die Lebensmöglichkeit eines jeden Organismus.

Was bedeutet das für den einzelnen? Wir leben ständig in einem Spannungsverhältnis: Die Triebe drängen zu ihrer Erfüllung, die immer mit einem Lustgefühl verbunden ist; aber Einsicht, Gewöhnung, Erziehung und Erfahrung setzen sich dem entgegen und verlangen Verzicht. Dabei ist das Ich die Instanz, die für oder gegen die Trieberfüllung im Augenblick zu entscheiden hat.

4,16. Wenn das so ist, daß das Unbewußte der eigentliche Wurzelboden unseres Lebens, unseres Denkens, Fühlens und Wollens ist, dann müssen wir wohl noch mehr von dem wissen, was es unterhalb unseres Bewußtseins an Kräften, Fähigkeiten, Antrieben, vielleicht auch an Gegenkräften und Hemmungen gibt.

Da stellen wir zunächst fest, daß wir (was wir so nennen) gewissen Stimmungen unterworfen – wirklich: unterworfen – sind; denn wir haben oft das Gefühl, daß die Stimmungen gerade das sind, was wir mit unserem Willen nicht beeinflussen können. Nicht selten kommt es uns so vor, als seien wir ohne besondere Ursache bald in «gehobener», bald in trüber oder verzweifelter Stimmung. Andrerseits wissen wir oft sehr wohl, was der Grund für die eine oder andere Stimmung ist. Manchmal ist es einfach das körperliche Befinden, dann sind es aber auch bestimmte Erlebnisse, die unsere Stimmung – oder, wie man vielleicht besser sagt: unser Gestimmtsein – beeinflussen. Aber wir sollten uns doch zugeben, daß wir die Möglichkeit haben, durch unseren Willen wenigstens auf die Äußerungen unserer Stimmungen einen gewissen Einfluß auszuüben; es ist gewiß schön, wenn wir unsere Umgebung an unserem frohen Gestimmtsein teilnehmen lassen; um so eher sollten wir es uns aber zur Pflicht machen, etwa das, was man «schlechte Laune», «Verstimmtsein», «Verdrießlichkeit» nennt, nicht zu stark werden zu lassen, sondern möglichst rasch abzubauen. Wohl in jedem von uns herrscht eine Art «Grundgestimmtsein» vor. (Man spricht wohl auch von einer bestimmten Gemütslage.) Es gibt fröhliche, ernste, schwerblütige, melancholische, verzagte Menschen. Für niemanden von uns dürfte es schwer sein, sich über die Eigenart seines Grundgestimmtseins klar zu werden. Und das ist wichtig; denn nur so kann es uns gelingen, in bestimmten Situationen Herr zu bleiben über zu starke Aufwallungen wie über zu große Verzagtheit – ganz abgesehen davon, daß unsere Ausbrüche der Wut oder der schlechten Laune für unsere Umgebung zur Qual werden müssen.

Wie anders sollten wir «uns selber Freund» werden können (4,8)?

4,17. Eine andere Gefühlswallung, die uns wohl vertraut ist, weil sie uns täglich begegnet, müssen wir wohl deshalb besprechen, weil von ihr im guten wie im bösen die größten Wirkungen ausgehen, die unser Leben bestimmen.

Wir begeistern uns oft und leicht für eine neue Idee, für einen Plan, eine gemeinsame Unternehmung oder auch für eine Hilfsaktion. Daß dieser Gefühlsaufschwung bisweilen so plötzlich auftritt, ist

Beweis dafür, daß er nicht das Resultat ruhiger Überlegung sein kann. Im Gegenteil: Oft genug schrumpft eine solche Begeisterung des ersten Augenblicks wieder zusammen, wenn der Verstand beginnt, zu fragen und zu berechnen, von welchen Voraussetzungen das Gelingen des Vorhabens abhängig ist und welche Folgen etwa zu befürchten sind. Dann kommt es darauf an, wie stark und nachhaltig die Idee ist, die die Begeisterung ausgelöst hat, und wie groß der Mut, der zu erwartenden Schwierigkeiten Herr zu werden.

Aber leider ist damit noch nicht alles über die Begeisterung gesagt. Es ist sicher nicht gleichgültig, ob eine Idee aus uns selber kommt, ob sie in unserem Grundgestimmtsein ihren Ursprung hat oder ob wir sie von anderen übernehmen, ob wir uns beeinflussen, anstecken lassen von einer Begeisterung, die die Menschen unserer Umgebung ergriffen hat. Niemandem von uns wird es schwerfallen, sich an solche Situationen zu erinnern, in denen der einzelne durch Gefühlsausbrüche der Menge wie von einer Welle mitgerissen und jede ruhige Überlegung und jeder Widerstand unmöglich wurden.

Was «die Vielen» sagen, muß doch – so scheint es dann –, eben weil sie die Mehrheit sind, richtiger, wahrer, gültiger sein, als was ich als einzelner begreife. Man hat Versuche durchgeführt, die bewiesen haben, daß z.B. ein einzelner, der nachweislich richtig gerechnet hat und das auch bestätigt bekommen hat, nachher wieder unsicher wurde, wenn ihm eingeredet wurde, daß sein Resultat falsch sein müsse, da alle anderen ein anderes Ergebnis hätten.

Dieses krasse Beispiel beweist, wie sehr wir von dem Urteil «der Vielen» abhängig sind, wie sogar unser nachprüfbares logisches Denken schwankend werden kann.

Wieviel mehr wird das für den Bereich gelten, in dem nicht beweisbare Gesetze, sondern unbestimmte, schwer meßbare Gefühle unser Verhalten bestimmen! In der Tat, hier wirkt sich der Einfluß «der Vielen» teils in lächerlicher, teils in verheerender Weise aus! Wie leicht läßt sich der Mensch von der Begeisterung der Masse hinreißen, auf dem Sportplatz oder in einer Wahlversammlung – von Revolution und Krieg gar nicht zu reden!

Was bedeutet das für unsere Selbsterkenntnis? Nun, solange wir ruhig denken können, meinen wir, daß uns das alles nicht berühre. Aber schon wenn wir uns durch eine schwungvolle Rede oder eine klare Beweisführung von einer bestimmten These überzeugen lassen und gefühlsmäßig zustimmen, sind wir ein Opfer einer solchen Steuerung, die im Unbewußten verläuft. Schließlich liegt unserem täglichen Leben in vieler Hinsicht eine solche Steuerung zugrunde: Schon das, was im persönlichen und im öffentlichen Leben als ‹richtig› gilt – Ansichten, Wertungen, Verhaltensweisen –, ist weithin «massengesteuert», und wenn diejenigen, die hier das Steuer führen, das mit voller Absicht und mit raffinierten Methoden tun – in der Mode, der Werbung, der Berichterstattung, in der Politik –, dann liegt eben das vor, was die vielbeklagte «Manipulation» genannt wird, und diese wendet sich in erster Linie oder ausschließlich an das Gefühl. Das ist viel einfacher und wirkungsvoller, als durch logische Beweisführung mühevoll zum Erfolg kommen zu wollen.

4,18. Den Philosophen muß noch eine andere Erscheinung interessieren, die wohl auch ihre Wurzeln im Unbewußten hat, aber doch gewissermaßen unter der Kontrolle des Bewußtseins steht: Es ist das, was man «Gesinnung» nennt. Am besten versteht man diesen Begriff aus folgender Gegenüberstellung: Wenn wir fragen, was der Unterschied zwischen einer Gesellschaft, einer Gemeinschaft und einer Gemeinde ist, so können wir sagen, daß eine Gesellschaft durch gemeinsame Interessen zusammengehalten wird, eine Gemeinschaft durch eine gemeinsame Gesinnung und eine Gemeinde durch einen gemeinsamen Glauben.

Was ist aber «Gesinnung»? Was ist das, was eine Gemeinschaft unter Menschen möglich macht und ihr Festigkeit und Dauer verleiht?

Gesinnung ist in der Tat eine Erscheinung, die begrifflich schwer zu fassen und deshalb wohl auch nicht ganz zutreffend zu beschreiben ist. Aber es scheint, daß gerade die Gesinnung eines Menschen für ihn selber und mehr noch für seine nähere und weitere Umgebung, ja für das Gedeihen des menschlichen Zusammenlebens überhaupt, von größter Bedeutung ist.

Jeder Mensch befindet sich als Mitmensch ständig in einer bestimmten Situation, in der er sich irgendwie «verhalten» muß, in Familie, Verkehr, Beruf und vielen anderen «Bezugssystemen». Auch wenn der Mensch es ablehnt, «Stellung zu beziehen», wenn er sich «heraushalten» möchte, nicht «eingreifen» will, so ist auch das ein Verhalten. *Wie* der Mensch sich jeweils verhält, wird wohl in den meisten Fällen nicht davon abhängen, ob er darüber nachdenkt und erst Vorteile und Nachteile gegeneinander abwägt, sondern er wird spontan unmittelbar so oder so reagieren, aktiv oder passiv, helfend oder sich versagend.

Das, was hier im Unbewußten vermutet werden muß, diese ursprüngliche Bereitschaft, die zum ‹Wesen› des Betreffenden gehörende ‹Disposition›, ist etwas anderes als eine augenblickliche Stimmung; es ist etwas Dauerhaftes, etwas, «womit man rechnen kann», wenn man den Menschen kennt.

Eine solche wesentliche Eigenschaft des Menschen ist also mehr, wichtiger, bedeutsamer als eine Stimmung, die schnell wechselt und überdies durch unseren Willen gesteuert, gebremst werden kann. In der Philosophie wird eine solche Gesamthaltung des Menschen gewöhnlich zur Ethik gerechnet, also zur Lehre vom sittlich richtigen Verhalten. Es scheint aber doch so zu sein, daß in allen diesen Fällen der Mensch nicht deshalb so oder anders handelt, weil er sich erst fragen muß, ob das ‹gut› oder ‹böse› ist, sondern «weil er gar nicht anders kann»! Dieses «Geprägtsein» bezeichnet das griechiche Wort «Charakter» in seiner Urbedeutung.

Wir wollen hier lieber von ‹Gesinntsein› als von einer ‹Gesinnung› sprechen, weil in der Sprache des Alltags unter «einer Gesinnung» meistens ein Gesinntsein verstanden wird, das in einer bestimmten Richtung schon als positiv und wertvoll gilt; so, wenn wir etwa von einer «vaterländischen Gesinnung» sprechen oder von «Gesinnungslosigkeit», wenn wir das Gegenteil meinen.

Das Gesinntsein ist also eine Gesamthaltung des Menschen, der auf Grund eines klaren, selbstverantwortlichen Denkens sich eine Überzeugung erworben hat, die von Dauer ist, und der diese Überzeugung mit persönlichem Mut vertritt, ohne jedoch rechthaberisch zu sein und andere Überzeugungen zu verachten, und der dieser Grundhaltung gemäß entscheidet und handelt.

Dabei ist der ganze Mensch an dem Gesinntsein beteiligt: Das Denken hat die Begründung für seine Überzeugung geliefert, die so entstandene Grundhaltung reicht hinab bis in den Wurzelgrund des Unbewußten, aber sie strahlt nach außen hin bis in den Gesichtsausdruck und sogar bis in die Körperhaltung.

4,19. Fragen wir uns, wie weit wir für das, was in unserem Unbewußten vor sich geht, verantwortlich sind, dann müssen wir wohl sagen, daß unser Grundgestimmtsein, unser Gemüt, uns gegeben ist zu unserem Glück oder Unglück; daß wir aber für unser Gesinntsein insoweit Verantwortung tragen, als uns doch wohl aufgegeben ist, durch unser Denken ihm eine bestimmte Richtung, einen Inhalt zu geben und durch Selbstbesinnung und Selbsterziehung Festigkeit zu verleihen.

Immer aber werden wir Gemüt und Gesinntsein als Bereiche unseres Selbst ansehen, da sie Äußerungen unseres inneren Lebens und die tiefsten Wurzeln unseres Verhaltens sind.

Aber nun findet sich in unserem Innenleben noch etwas anderes vor, das irgendwie von außen zu kommen scheint und uns wie eine fremde Macht – oft sogar als eine sehr unbequeme – entgegentritt: das Gewissen. Für religiöse Menschen ist es die Stimme einer göttlichen Weltordnung, die auf unsere Entscheidung, wenn wir vor einem Entschluß stehen, Einfluß nehmen möchte. Es zwingt uns, Gründe und Gegengründe für unsere Entscheidung abzuwägen, und zwar meist in Form einer Mahnung oder Warnung.

Die eigentlich philosophische Frage, ob das Gewissen der Anwalt einer sittlichen Weltordnung ist oder sich von selber in der menschlichen Vernunft gebildet hat, wird verschieden beantwortet. Niemand wird das endgültig entscheiden können. Die Strenge, mit der uns das Gewissen mahnt und auf den «rechten Weg führen» will, wird auch damit zusammenhängen, welche Erziehung wir in unserer Jugend genossen haben und in welche allgemeine Weltanschauung oder in welchen religiösen Glauben die Stimme unseres Gewissens eingebettet ist.

Vielleicht vermeidet man in der Psychologie den Begriff «Gewissen» deshalb gern, weil er aus religiösen Anschauungen stammt. Man sagt statt dessen «Über-Ich» und meint damit, daß diese «innere Stimme» das Resultat von Gewöhnung und Erziehung, also eines «Sozialisierungsprozesses», ist.

4,20. In den letzten Abschnitten dieses Kapitels wollen wir die wichtigsten Probleme besprechen, die mit der von Kant gestellten Frage: Was ist der Mensch? zusammenhängen.

Man hat sich daran gewöhnt, den Umkreis dieser Probleme, die den Menschen (griech. anthropos) zum Gegenstand haben, Anthropologie zu nennen und spricht also von einer philosophischen Anthropologie. Nun, bei allem Respekt vor Kant: Wer wäre befugt, auf die Frage: «Was ist der Mensch», eine zuverlässige Antwort zu geben? Das könnte doch nur jemand sein, der nicht selber Mensch ist; denn die «Erkenntnis» von etwas muß ja wohl von einem *anderen* ausgehen. Wir meinen also, daß an den Menschen nur die vorsichtigere Frage gestellt werden könnte: Wie versteht der Mensch sich selber? In diesem Sinne haben wir an den Anfang die Frage gestellt: Was weiß ich von mir selber?

Nun hat es ja aber die Philosophie eigentlich bei allen ihren Fragen immer auch mit dem Menschen zu tun, ob sie auf eine Welterkenntnis oder auf ein Lebensverständnis hinaus will. Denn es kann in jedem Falle immer nur *seine,* des Menschen Erkenntnis, *sein* Verständnis sein, das Gegenstand dieses Fragens ist, und die Antworten, die er versuchsweise gibt, sind ja auch nur *seine* Antworten, d.h. abhängig von den Bedingungen der Möglichkeit, überhaupt Fragen stellen und beantworten zu können.

4,21. Hier also eine erste Frage zur philosophischen Anthropologie: Warum muß der Mensch eigentlich arbeiten? Hat das wirklich mit der Vertreibung aus dem Paradiese begonnen? Aber warum gibt es dann so viele Menschen, die nicht zu arbeiten brauchen, sondern «von ihrem Gelde leben» dürfen? Woher diese Ungerechtigkeit? Und das Schlimmste ist, daß diese Glücklichen die anderen für sich arbeiten lassen. Also ist Arbeit ja wirklich nichts anderes als Ausbeutung!

So etwa kann man es heute hören, wenn man so unvorsichtig ist, das Wort ‹Arbeit› in die Debatte zu werfen. Und es gibt wirklich Leute, die im Ernst behaupten, *jede* Arbeit sei Ausbeutung.

Das zwingt uns, der Sache auf den Grund zu gehen und überhaupt erst einmal zu fragen: Was ist das eigentlich: ‹Arbeit›?

Zunächst: Nicht jede menschliche Tätigkeit ist Arbeit. Wenn wir spielen oder Sport treiben, wenn wir eine Reise machen oder ein Buch lesen, sagen wir nicht, daß wir arbeiten. Anders ist es, wenn z.B. ein Vertreter eine Geschäftsreise macht oder ein Forscher für seine Studien ein wissenschaftliches Buch liest; dann ist das Arbeit. Aber warum? Offenbar verbinden wir mit dem Begriff «Arbeit» die Vorstellung, daß das, was wir tun, auf ein Ziel gerichtet ist, einen Zweck verfolgt, der dieser Tätigkeit, genannt Arbeit, ihren Sinn gibt. Bei echtem Sport und beim Spielen verfolgen wir dagegen keinen Zweck; diese Betätigungen haben ihren Sinn in sich, wie man sagt. (Natürlich kann ich Sport treiben, weil ich glaube, damit meiner Gesundheit zu dienen; dann ist das ein Grund, ein äußerer Anlaß zu diesem Tun, aber deshalb nicht eigentlich der Sinn des Sports.)

Die Arbeit hört auch auf, wenn der Zweck, etwa die Herstellung eines Tisches, erreicht ist. Sport und Spiel dagegen hören nicht deshalb auf, weil ein Ziel erreicht ist, sondern allenfalls deshalb, weil ihre Dauer vorher festgesetzt wurde. (Über Arbeit als gesellschaftliches Problem: 6,27, 6,28.)

4,22. Wenden wir uns einem anderen anthropologischen Thema zu: Wie kommt ein Gedanke zustande? Was geschieht in meinem Körper, wenn ich einem Gedanken Ausdruck geben will, wenn ich meine Worte durch Bewegungen der Augen oder der Hände, durch ein Lächeln oder einen drohenden Blick begleite? Nun, das zu erforschen ist nicht Aufgabe der Philosophie; hier haben sich Biologie, Psychologie, ja sogar die Physik zu äußern. Denn die mechanischen Bewegungen der Gesichts- und der Armmuskeln und die elektrischen Vorgänge im Nervensystem und im Gehirn müssen mit physikalischen Methoden untersucht werden.

Wir haben als philosophische Laien schon über die Frage nachgedacht: Wie denke und spreche ich?

Hier stellt sich in dem neuen Zusammenhang die Frage erneut: Welches Zusammenspiel von welchen Kräften in einem lebenden Organismus kann zu Leistungen führen, deren der Mensch in seinem Denken und Sprechen fähig ist? An sich müßten die genannten Naturwissenschaften eine Antwort auf diese Frage geben können; aber offenbar sind diese Vorgänge, die zu den geistigen Leistungen des Menschen führen, so komplex, daß noch nicht abzusehen ist, ob und wann mit den Mitteln dieser Wissenschaften eine Antwort möglich sein wird.

4,23. Nicht viel anders steht es, wenn wir fragen, wie wir etwas lernen und im Gedächtnis behalten können. Zwar hat die Hirnforschung große Fortschritte gemacht, und man kann heute genau angeben, in welchen Zonen das Sprachverständnis lokalisiert ist; aber niemand kann sagen, wie und wo etwa der Vokabelschatz einer fremden Sprache «gespeichert» wird oder auch, wie es kommt, daß mir das richtige Wort einfällt, wenn ich einen bestimmten Gegenstand in meiner Muttersprache benennen will, daß mir sofort der richtige Name desjenigen einfällt (oder auch nicht!), den ich eben auf der Straße begrüße. Sicher kommt dabei mein Nervensystem in lebhafte Bewegung – aber wie?

Die Wissenschaft untersucht auch die merkwürdige Tatsache, daß wir manchmal etwas sofort wieder vergessen, anderes einige Zeit, wieder anderes unser ganzes Leben im Gedächtnis behalten. Schon lange weiß man, daß häufig im hohen Alter Erlebnisse der Kindheit plötzlich wieder in der Erinnerung auftauchen. Wo waren diese gespeichert? Damit hängt natürlich auch die Frage zusammen, wie, warum und unter welchen Umständen man etwas so schnell wieder vergißt, daß man sich unmittelbar nach einem Vorfall an Einzelheiten nicht mehr erinnern kann.

4,24. Zu den schwierigsten Problemen der philosophischen Anthropologie gehört die Frage, ob der Mensch einen freien Willen hat oder nicht. Wir haben, wenn wir wollen, täglich Veranlassung, über diese Frage nachzudenken; denn fast immer, wenn wir mit Menchen zu tun haben, und überhaupt, wenn wir uns in der Öffentlichkeit bewegen, wird etwas von uns verlangt, gefordert, zumindest etwas erwartet. Vorwürfe, Tadel, Kritik und in schweren Fällen Strafen erwarten uns, wenn wir den Erwartungen nicht entsprechen. Das alles setzt doch zweifellos voraus, daß wir für das, was wir tun, wie wir uns verhalten, verantwortlich gemacht werden können, und das ist nur möglich, wenn wir imstande sind, uns so oder so zu entscheiden, d.h. wenn wir einen freien Willen haben.

Unsere ganze Gesellschaftsordnung (Sitte und Verhaltensvorschriften, die Erziehung, das durch Verfassung und Gesetze geregelte Zusammenleben der Menschen) beruht auf der allgemeinen Überzeugung, daß der einzelne Mensch in seinem Handeln frei ist und sein Verhalten verantworten kann.

Wie kann dem gegenüber jemand die Meinung vertreten, der Mensch habe gar keinen freien Willen? Dieser Einwand kommt von einer anderen philosophischen Überzeugung her, daß nämlich alles, was in der Welt geschieht, durch Ursachen bestimmt ist. Daraus wird gefolgert, daß der Mensch gar keine Möglichkeit habe, durch seinen eigenen Willen in diesen natürlichen Ablauf einzugreifen. Wenn der Mensch glaube, in einer bestimmten Situation doch zwischen zwei oder mehreren Entscheidungen wählen zu können, so sei das Illusion; auch der Ablauf seiner Gedanken, der zu der schließlichen Entscheidung führt, sei durch das Kausalgeschehen bestimmt. Also könne von einem freien Willen überhaupt nicht gesprochen werden.

4,25. So stehen sich zwei Auffassungen kraß gegenüber. Wie läßt sich hier eine Lösung finden?

Die erste Schwierigkeit liegt in der sprachlichen Formulierung: Was ist das, «der Wille»? Kann er dasselbe bedeuten wie «Wunsch»? Dann wäre er ohne Zweifel frei; denn «wollen» im Sinne von «wünschen» kann ich alles, was ich will. Das ist aber natürlich nicht gemeint, wenn philosophisch nach der Willensfreiheit gefragt wird. Wir sollten also besser von einer Entscheidungsfreiheit sprechen; denn ein Problem zeigt sich erst dann, wenn wir vor der Möglichkeit oder der Notwendigkeit stehen, uns in einem bestimmten Fall so oder so zu entscheiden. Unfrei sind wir dabei im doppelten Sinn: Wir können meistens nicht die Situation wählen (oder vermeiden!), die uns zu einer bestimmten Entscheidung zwingt. Aber das eigentliche Problem liegt noch tiefer: Wie kommt die schließliche Entscheidung zustande? Welche Gedanken laufen in mir ab, wenn ich das Für und das Wider für jede mögliche Entscheidung abwäge? Woher kommen diese Gedanken und warum führen sie bei dem einen Menschen zu der Entscheidung a, bei dem anderen zu der entgegengesetzten Wahl b? Das hängt doch wohl wesentlich davon ab, daß die Menschen in ihrem Temperament, in ihrer Gesinnung, in ihrem augenblicklichen Gestimmtsein verschieden sind. Der Gedankenablauf, der zur Entscheidung führt, wird also insoweit bei den einzelnen Menschen bestimmt sein. «Er kann gar nicht anders entscheiden», da seine Überzeugung, sein Glaube, seine Ideale den Ablauf der Gedanken (die «Motivation») von vornherein bestimmen.

Nun ist es allerdings möglich, daß ein Mensch, auch wenn seine Motive durch seinen Charakter festgelegt scheinen, im einzelnen Falle sich doch *gegen* diese Motivation entscheidet. Dann ist eben ein Motiv hinzugekommen oder sonst ein Ereignis eingetreten, das die Entscheidung beeinflußt hat.

Es scheint also, als gäbe es an keiner Stelle dieses inneren Vorgangs einen Punkt, an dem das «Ich» ohne jede Motivation, ganz aus sich selber, also ‹frei›, entscheiden könnte. Insofern müssen wir also wohl der Auffassung recht geben, daß der Willensvorgang als solcher durchgehend bestimmt ist.

4,26. Und doch sträubt sich alles in uns, das zuzugeben; denn dann gäbe es keine Möglichkeit, einen Menschen für seine Handlungen zur Verantwortung zu ziehen, und das würde schließlich jedes menschliche Zusammenleben unmöglich machen. Wir sehen, wie ernst dieses philosophische Problem ist, und es scheint, daß es keine endgültige und vollständige Lösung gibt.

Wir werden also wohl nur so viel sagen können: Die Gesellschaft muß große Anstrengungen machen, um zu erreichen, daß in den einzelnen Menschen ein System von Motivationen geschaffen und immer wieder befestigt wird, das die Garantie dafür bietet, daß auf Grund dieser Motivationen die Entscheidungen (und damit die Handlungen) ihrer einzelnen Mitglieder sich so auswirken, daß der

Bestand und das Gedeihen der Gesellschaft und das Wohlergehen aller erreicht wird. Die Religion unterscheidet in diesem Sinn zwischen Gut und Böse, die Erziehung hat die Aufgabe, vom ersten Lebenstage an im Kinde den Grund dafür zu legen, daß seine Motive ihm in den verschiedenen Lebenslagen helfen sollen, sich «richtig» zu entscheiden. Es sollen also gewisse ‹Bindungen› erzeugt werden, die es dem Kinde ersparen, im späteren Leben für jede Handlung immer erst nach den gültigen Motivationen suchen zu müssen.

Was tut nun die Gesellschaft selber, um ihren Bestand zu sichern und damit auch das Dasein des einzelnen zu schützen? Im Idealfall schränkt sie die Handlungsfreiheit ihrer Glieder so wenig wie möglich ein. Durch die Gesetzgebung legt sie zwar einen Kodex für das richtige Verhalten des einzelnen fest, aber sie zwingt ihn nicht; sie wirkt auf das Handeln des einzelnen lediglich dadurch ein, daß sie auf das Motivationssystem des Staatsbürgers einen dauernden, meist unmerklichen Einfluß ausübt.

Es scheint also, daß die Frage, ob der Wille des Menschen frei sei oder nicht, insofern falsch gestellt ist, als sich nicht genau angeben läßt, was eigentlich «der Wille» ist, und der Vorgang der sogenannten Willensentscheidung viel zu kompliziert ist, als daß er mit Hilfe eines so verschwommenen Begriffes erklärt werden könnte.

4,27. Aber mit diesem Erklärungsversuch ist noch nichts entschieden. Ihm werden alle diejenigen Philosophen widersprechen, die davon ausgehen, daß der Mensch im Gegensatz zum Tier ein Wesen ist, das «Geist» hat, und eine «Person» ist, deren Hauptmerkmal eben der freie Wille ist.

Nun, wir müssen wohl diese Theorien, die beide keinen schlüssigen Beweis liefern können, einander gegenüber stehen lassen.

Vielleicht können wir über einen anderen Begriff der philosophischen Anthropologie eher zur Klarheit kommen, über das, was man «Weltoffenheit» nennt. Wir wissen ja bereits, daß die Philosophie in dieser Freiheit, die in dem Begriff «Weltoffenheit» liegt, einen wesenhaften Unterschied zwischen Mensch und Tier erblickt. Denn das Tier ist völlig an die Umwelt gebunden, «in sie hineingepaßt».

Was ist das aber, «Weltoffenheit»? Ist damit gesagt, daß der Mensch überhaupt «nicht mehr trieb- und umweltgebunden», daß er «prinzipiell unabhängig von der physiologischen und psychologischen Zuständlichkeit des menschlichen Organismus, unabhängig von seinen Triebimpulsen» ist, wie der Philosoph Max Scheler

(† 1928) sagt? Jedoch: von einer *absoluten* Weltoffenheit kann ja schon deshalb nicht die Rede sein, weil – wie wir seit Kant wissen (3,14) – der Mensch nur über die Welt der Erscheinung verfügt, also schon dadurch in die ihm gesetzte Grenze eingeschlossen ist. Und der einzelne Mensch unterliegt dann noch einer besonderen Einschränkung: Nur im Rahmen seiner individuellen Fähigkeiten kann er ja seine Umwelt «transzendieren» (überschreiten, übersteigen); die *tatsächliche* «Öffnung zur Welt» ist also für die Mehrzahl der Menschen recht begrenzt; theoretisch freilich sind der Wissenschaft, deren Aufgabe die Erforschung der «Welt» ohne Einschränkung ist, keine Grenzen gesetzt.

4,28. Das, was den Menschen befähigt, die engen Grenzen seiner Umweltbezogenheit zu überschreiten, wird in der Philosophie gemeinhin «Geist» genannt. Unübersehbar ist die Literatur, die sich mit der Frage befaßt, was der Geist eigentlich ist.

Wir müssen uns hier auf weniges beschränken: Zunächst stellen wir fest, daß wir in einer «geistigen» Welt leben, deren Erzeugnisse wir mehr oder weniger genau und umfassend verstehen, genießen, erleben. Das ist dadurch möglich, daß die Formen der geistigen Welt (Sprache, Kunst, Literatur, Wissenschaft und vieles andere) das Bindeglied der menschlichen Gesellschaft sind. Damit ist aber nur etwas über die Wirkung des Geistes ausgesagt, über seine «Funktion», aber noch nichts über sein «Wesen».

Wenn man davon ausgeht, daß Geist nur in einem lebenden menschlichen Körper beobachtet werden kann, wird man der Auffassung zuneigen, daß diese rätselhafte Fähigkeit sich wohl ebenso im Laufe der Jahrmillionen allmählich entwickelt haben müsse wie der Körper. (Wie man ja auch im einzelnen Individuum die Entwicklung von der Kindheit bis zur ‹geistigen› Reife verfolgen kann.) Dann wäre der Geist nichts anderes als eine Funktion des lebenden menschlichen Körpers und wie dieser vergänglich. Damit würde «Geist» eine Erscheinungsform des Organismus, etwa vergleichbar mit den Sinnesqualitäten der Farben und Töne, und müßte wie diese als eine «sekundäre Qualität» gelten (vgl. 3,7).

Anders, wenn man davon ausgeht, daß es so etwas wie einen «Volksgeist», einen «Zeitgeist», eine «geistige Kultur» gibt. Allerdings wird auch hier der «Geist» von den Individuen ver«körpert»; aber es scheint sich doch eine Wirkung zu zeigen, die mehr ist als die Summe der geistigen Leistungen der einzelnen «Träger» dieses Geistes, also so etwas wie ein überindividueller Geist, der über die Individuen eine unbezwingliche Macht ausüben kann.

Und gar erst dann, wenn man in den Vorgängen des kosmischen Geschehens, in den Gesetzen der Natur, die unser Geist erkennt und immer wieder bestätigt findet, eine unwandelbare geistige Ordnung zu sehen glaubt, dann wird man von einem «Weltgeist», von einer «Weltvernunft» sprechen, an der der Mensch irgendwie Anteil hat.

Alle diese Auffassungen haben im Verlauf der Philosophiegeschichte in vielen Abwandlungen ihre Vertreter gefunden, und bei diesem «Pluralismus» der Theorien wird es wohl bleiben müssen – wenigstens solange wir ohne jede Voreingenommenheit, ohne einen vorgefaßten Glauben über den Geist nachdenken.

4,29. Nicht anders steht es mit der Frage nach dem Wesen dessen, das wir «die Seele» nennen.

Hier hat die Philosophie zu allen Zeiten mit dem sogenannten «Leib-Seele-Problem» ringen müssen, d.h. mit der schwierigen Frage, wie es kommt und überhaupt möglich ist, daß in dem Körper eines Menschen, der ganz aus irdischer Materie besteht, eine nicht zu leugnende Kraft wirksam ist, die völlig anderen Gesetzen zu gehorchen scheint als die Materie.

Wie muß man sich das Zusammenwirken dieser beiden so verschiedenartigen «Teile» denken? Sind es überhaupt Teile? Sind es – wie man in der Philosophie sagt – gänzlich verschiedene «Substanzen», d.h. etwas Ursprüngliches, Unveränderliches? Das nehmen alle diejenigen an, die die Seele als dasjenige im Menschen ansehen, das ein «göttlicher» Teil ist, der dann auch nicht, wie der Körper, beim Tode zerfällt, sondern als das Unsterbliche, vom Leibe getrennt, ein ewiges Leben führt. Mit diesen religiösen Vorstellungen hat es die Philosophie kaum zu tun, da sich hierüber eben nichts wissen, sondern nur glauben läßt.

Aber dieser Auffassung vom Wesen der Seele steht jene andere gegenüber, nach der das «Seelische» nichts wesentlich anderes ist als das «Körperliche», keine besondere «Substanz». Für sie ist Seele nichts anderes als die zusammenfassende Bezeichnung der Lebensvorgänge in einem lebenden Körper; denn nichts beweist das Vorhandensein oder das Fortbestehen einer Seele, sobald der Körper gestorben ist. Damit wäre also gesagt, daß man auch beim Tier von einer Seele sprechen muß, und zweifellos muß man von der Art, wie Menschen und Tiere in ihrem Verhalten aufeinander reagieren und sich verständigen, auf eine Art seelischer Verwandtschaft schließen.

Wie aber die materiellen Teile des menschlichen Körpers und die nicht materiellen seelischen Vorgänge miteinander zusammenhängen, bleibt in jedem Falle weiterhin rätselhaft. Die wissenschaftliche Forschung ist darauf gerichtet, durch Experimente mit Tieren und Menschen, vor allem aber durch Beobachten und Messen der mit den «seelischen» Erscheinungen zusammenhängenden chemischen, elektrischen, also materiellen Vorgänge, einer Lösung des Leib-Seele-Problems immer näherzukommen.

(5) Woher komme ich?

5,1. Ich weiß nicht, woher ich komme,
Ich weiß nicht, wohin ich gehe,
Mich wundert's, daß ich fröhlich bin.

Nach diesen Worten eines mittelalterlichen Mystikers könnten wir eigentlich unsere neue Frage auf sich beruhen lassen: Das Nichtwissen um unseren Ursprung und um das Ziel unseres «Erdenwallens» müßte eigentlich erdrückend sein. Aber die Gegenwart und die Forderungen des Augenblicks verlangen ihr Recht und lassen uns diesen Gedanken für gewöhnlich nicht lange nachsinnen.

Und doch läßt uns die Frage, wie das alles so gekommen ist, keine Ruhe. Schon unser Leben und die bloße Tatsache, daß wir da sind, vor allem aber diese unendliche Vielgestalt der Dinge unserer Welt, ihrer Beziehungen und Kräfte, auch ihre ständige Veränderung und das Geschehen um uns erscheinen uns rätselhaft, weil es uns nicht gelingen will, das Ganze zu einer Einheit zusammenzuschließen, von der aus alles Einzelne seinen Sinn bekäme. Vor allem aber möchte ich wissen, wie es kommt, daß ich gerade zu dem geworden bin, der ich bin.

Diese Fragen haben sich die Menschen zu allen Zeiten gestellt, und zwar mit solcher Eindringlichkeit, daß der Streit um die «richtigen» Antworten bisweilen zu schweren, meist religiösen Kämpfen geführt hat.

Denn schließlich macht es einen gewaltigen Unterschied, ob sich der Mensch als die «Krone der Schöpfung», also als das eigentliche Ziel eines göttlichen Schöpfungswillens, fühlt oder als das Zufallsprodukt einer blinden, also sinnlosen Naturentwicklung.

Es scheint also, daß wir diesen Fragen doch weiter nachgehen und die Möglichkeiten für unsere Antwort erkunden sollten.

5,2. Es wird gut sein, sich in diesem Augenblick wieder daran zu erinnern, daß wir in all unserem Denken in die Grenzen unserer Geisteskräfte eingeschlossen sind. Das bedeutet hier, daß wir nicht hoffen dürfen, die mit unserem Ursprung und unserer Herkunft zusammenhängenden Ereignisse so zu erkennen, wie sie wirklich gewesen sind; wir können uns nur ein Bild davon zu machen versuchen, wie die Welt, die Natur, die Lebewesen und mit ihnen der Mensch so geworden sind, wie wir sie heute sehen.

Aber ist das überhaupt möglich? Wie weit reicht denn unser Wissen von Tatsachen, von Geschehnissen der Vergangenheit? Je länger die Zeiträume zurückliegen, die wir durchforschen wollen, umso größer werden die Lücken in unserem Wissen, umso spärlicher die Beweisstücke, wenn wir glauben, über eine Entwicklung etwas Sicheres aussagen zu können.

Dabei zeigt sich oft, daß zwei Erklärungsversuche einander so gegenüberstehen, daß der eine die Verneinung des anderen ist: Ist die Welt einmal entstanden, oder «hat es sie schon immer gegeben»? Wenn sie entstanden ist, hat sie sich von selber gebildet, oder ist sie von einem Vernunftwesen, also von Gott, geschaffen worden? Wurde sie aus dem Nichts erschaffen oder aus einem vorhandenen Urzustand, dem Chaos, gewissermaßen nur geordnet? Auch das hat man gemeint: Diese vielgestaltige und offenbar unvollkommene Welt sei das Produkt einer Ausstrahlung («Emanation») aus einem Zentrum absoluter Vollkommenheit. Dann würde die Entwicklung von einem höheren zu einem niederen Zustand verlaufen sein, während wir doch eigentlich feststellen können, daß zumindest bei den Lebewesen sich die niederen Formen zu höheren entwickeln, was immer hier ‹nieder› und ‹höher› bedeuten mögen.

Eine andere Auffassung geht nicht von dem Gegensatz «tote Materie – Leben» aus, sondern nimmt an, daß dem «Außen» der Materie ein «Innen» ursprünglich zugehört, so daß die Materie in einem gewissen Sinn schon immer lebendig ist, zumindest eine innere Kraft hat, aus der sich dann die an der Materie beobachteten Veränderungen, also auch das Leben, erklären lassen.

Eine gewisse Stütze gewinnt diese Auffassung in den neuen physikalischen Theorien, nach denen zwischen Materie und Energie kein absoluter Gegensatz mehr bestehen soll, da die eine in die andere übergehen kann.

5,3. Was können wir nun angesichts dieser widerspruchsvollen Vorstellungen wissen oder glauben?

Nun, wir wollen davon ausgehen, daß in unserem abendländischen Weltbild zwei Theorien Geltung beanspruchen, die sich aber gegenseitig ausschließen: Der Schöpfungsbericht der Bibel und die auf wissenschaftlicher Erforschung der Erdgeschichte und der Entstehung der Lebewesen beruhende allgemeine Entwicklungstheorie. Was können wir dazu sagen?

Wir hatten (3,17) in der Entwicklung des menschlichen Geistes mehrere Phasen unterscheiden können, von denen die eine als «mythische» bezeichnet wird. (In ihr erscheinen Geschichten aus weit zurückliegenden Zeiten, in denen Helden oder Halbgötter mit übermenschlichen Kräften Taten vollbringen, die den damals lebenden Menschen als Erklärung für das dienten, was mit dem Verstand nicht zu begreifen war.)

Wenn wir den Schöpfungsbericht als eine solche mythische Erzählung ansehen, dann können wir ihn aus seiner Zeit heraus verstehen; denn die Menschen hatten ja noch keine Möglichkeit, etwas von der Erd- und Menschheitsgeschichte zu wissen. Und auch heute bildet dieser Mythos noch für viele Menschen die Grundlage für ihre Welt- und Lebensanschauung.

Die Forschung hat aber längst erkannt, daß die Erde viel älter ist, als der Schöpfungsmythos anzunehmen scheint, und daß das Leben auf der Erde sich in einem Zeitraum von mehr als fünfhundert Millionen Jahren aus einfachsten Formen entwickelt hat. Allerdings kann die Forschung – wie wir schon gesagt haben, aus Mangel an Beweisen – über diese ältesten Zeiten weitgehend nur Theorien aufstellen, und oft genug wird hier über Einzelheiten gestritten. Bestritten wird aber heute wohl kaum mehr, daß die Entwicklung von den einfachsten Lebensformen über Pflanzen und Tiere bis zum Menschen verlaufen ist.

5,4. Von dieser Tatsache müssen wir ausgehen, wenn wir wissen wollen, woher wir kommen. Wir sind also die Nachkommen einfachster Lebewesen. Wie diese aber zuerst entstanden sind, wie sich überhaupt Leben auf der Erde gebildet hat, kann die Wissenschaft bis heute noch nicht erklären. Es gibt nur Theorien, die der weiteren Forschung den Weg zeigen sollen; keiner von ihnen ist es bis jetzt gelungen, eine endgültige Antwort zu geben.

Aber selbst wenn die Wissenschaft einmal erklären kann, wie aus der «toten» Materie Leben entstanden ist, so würde die Philosophie weiterfragen: Ist dieser Anfang einer völlig neuen Existenzform einem Zufall zu verdanken, oder läßt sich ein Sinn, vielleicht sogar ein Zweck oder ein Ziel darin erkennen? Wenn wir annehmen, daß eine treibende Kraft als Ursache dieses Entwicklungsvorganges (der «Evolution») wirke, so bedienen wir uns einer «kausalen» Erklärung. Glauben wir dagegen, in der Evolution eine Richtung auf ein Ziel hin zu erkennen, dann ist unsere Erklärung «teleologisch»; das bedeutet: auf ein Ziel (griechisch: telos) gerichtet.

Die Naturwissenschaft versucht, mit Kausalerklärungen auszukommen; das teleologische Prinzip wird aus drei Gründen im allgemeinen abgelehnt: Zunächst müßte überhaupt so etwas wie ein Ziel erkennbar sein; wir haben aber keine Möglichkeit, uns ein solches Ziel auch nur vorzustellen oder zu denken. Ferner: «Ziel» bedeutet ja auch immer zugleich «Ende». An einem Ziel angelangt, müßte die Evolution dann ja auch «zu Ende» sein; auch das ist undenkbar. Und schließlich müßte ja auch ein Vernunftwesen angenommen werden, das dieses bestimmte Ziel gesetzt hat, und dafür fehlen der Wissenschaft alle Ansatzpunkte. Aus diesen Gründen wird die Scheu der Wissenschaft vor einem teleologischen Erklärungsprinzip verständlich; sie hält sich daher streng an das Kausalprinzip.

Für die Philosophie jedoch bleibt die Frage: Zufall oder planmäßige Entwicklung? offen.

5,5. Wenn wir nun aber zu der Frage nach der Herkunft des Menschen zurückkehren, so werden wir nicht behaupten können, der Mensch sei «die Krone der Schöpfung» oder so etwas wie ein «Ziel» der Entwicklung. Hier sind wir in der glücklichen Lage, gewaltige Zeiträume der Menschheitsentwicklung so weit zu überschauen, daß wir uns wenigstens ein ungefähres Bild davon machen können, wie der Mensch seine heutige Gestalt und seine typisch menschlichen Fähigkeiten erworben hat. Das eine erkennen wir aus den (leider noch immer spärlichen) Funden früherer Entwicklungsstufen seiner Körperform, das andere aus den Erzeugnissen menschlicher Kultur. Von einem «Ziel» werden wir schon deshalb nicht sprechen dürfen, weil nichts darauf hindeutet, daß der Mensch von jetzt an sich nicht mehr weiter verändern werde; im Gegenteil: Die Entwicklung geht weiter, und niemand kann sich vorstellen, was aus dem Menschen in zehn- oder zwanzigtausend Jahren geworden sein wird – falls es ihn bis dahin noch gibt.

Denn das Tempo der Entwicklung ist zweifellos beängstigend. Wenn wir nur die Geschichte des Menschen in den letzten zehntausend Jahren überblicken, wie sich seine Lebensgewohnheiten verändert, seine Kulturschöpfungen und seine technischen Fertigkeiten vervollkommnet haben, und wenn wir berechnen, daß in diesen zehntausend Jahren – rein zahlenmäßig – nur etwa 400 Generationen gelebt haben, d. h. daß das Erbgut nur vierhundertmal weitergegeben wurde, und dabei aus dem Steinzeitmenschen der Mensch unseres heutigen Industriezeitalters geworden ist, dann fragen wir uns erstaunt und besorgt, wohin ein weiterer «Aufstieg» der Menschheit führen soll. Die Wissenschaft spricht von «Höherentwicklung». Nun mehren sich aber die Stimmen, die die Zukunft des Menschen in düsteren Farben malen, so, als ob er gerade durch die sich immer noch steigernden Kräfte die Natur mißachte und vergewaltige und damit die Möglichkeit seines eigenen Untergangs herbeiführe.

5,6. Mit diesen Überlegungen haben wir aber eigentlich schon die Frage nach der Abstammung des Menschen aus der Tierreihe verlassen und begonnen, seine Entwicklung *als Mensch,* also seine *Geschichte,* zu überdenken. Denn «unsere Herkunft», nach der wir fragen, hat nun gewissermaßen eine zweite Periode, jene Jahrtausende nämlich, seitdem dieses rätselhafte Wesen Mensch, nun wohl zum Bewußtsein seiner selbst erwacht, nicht mehr nur instinktiv auf die Reize seiner Umwelt reagiert, sondern handelt, plant, ordnet und allmählich ein Gefühl für Zeit und für eine Zukunft bekommen hat, die er bedenken und gestalten kann.

Wann aber eigentlich die Geschichte des Menschen beginnt, wie viele Jahrtausende wir zurückrechnen müssen, wird ebenso ungewiß bleiben wie die Antwort auf die Frage, welches Merkmal man als das für die Menschwerdung wesentliche ansehen muß. Für manche Forscher gilt der Gebrauch des Feuers, für andere die Herstellung von Werkzeug, in neuerer Zeit einfach die Arbeit als das, was den Menschen zum Menschen macht.

Am ehesten wird man wohl sagen können, daß das Menschsein damit begonnen habe, daß dieses Wesen ein Selbstbewußtsein entwickelt hat und zu sich selber «Ich» sagen konnte. Und das ist wohl auch der Augenblick, wo ihm bewußt wird, daß er als Glied in einer Kette von gleichen Wesen lebt, die seine Vorfahren sind. Wenn er nun danach fragt, wieweit die Glieder dieser Kette wohl zurückreichen, wenn der Begriff der Ahnenreihe in ihm auftaucht und er über deren Schicksale nachzudenken beginnt, dann ist damit die erste Stufe eines Geschichtsbewußtseins erreicht.

5,7. Freilich ist das alles nur eine Theorie; aber diese hält sich doch streng an die Ergebnisse der – wenn auch lückenhaften – Forschung. Wenn diese frühe Periode der Menschheitsgeschichte «Vorgeschichte» genannt wird, so ist damit gesagt, daß von «Geschichte» erst von da an gesprochen werden soll, wo der Mensch begonnen hat, über das Geschehene schriftliche Aufzeichnungen zu machen. Die Vorgeschichte ist ganz darauf angewiesen, aus den Überresten früherer Kulturen eine Vorstellung zu gewinnen, wie die Menschen in jenen Epochen gelebt und gewohnt, gedacht und gefühlt, was sie von der Welt gewußt oder geglaubt haben. Viel Kulturgut ist erhalten geblieben und kann nun nach wissenschaftlichen Methoden bearbeitet und der Deutung, der «Interpretation», zugeführt werden (vgl. 3,29). Der heutige Mensch stellt also lediglich die bis jetzt erreichte Stufe in der Entwicklungsreihe der Lebewesen dar.

Im Gegensatz hierzu sieht eine andere Theorie das Wesen des Menschen als konstant an: So, wie er ist, wurde er einmal geschaffen und wird so bleiben.

(Hier müssen wir zur Klärung der Begriffe folgendes sagen: das deutsche Wort «Wesen» bedeutet zweierlei: Der Mensch *ist* ein (Lebe-)Wesen; wenn wir aber sagen, das «Wesen» des Menschen sei unveränderlich, so ist das etwas, was der Mensch *hat.* Damit ist gemeint, daß er eine geprägte Eigenart besitzt, die eben als unveränderlich angesehen wird.)

Wenn wir dem zustimmen, daß das «Wesen» des Menschen konstant ist, dann ist Geschichte nicht ein *Wandel,* eine ständige Verwandlung des menschlichen Lebe-Wesens, sondern allenfalls eine Abwandlung seiner «wesenhaften» Reaktionen und Verhaltensweisen je nach seiner geistigen, kulturellen, technischen Entwicklungsstufe. Dann müßte sich aber feststellen lassen, daß sich sein Verhalten bei aller Verschiedenheit der geschichtlichen und kulturellen Bedingungen eben «wesenhaft» gleich bleibt. Und das wird tatsächlich von denjenigen behauptet, die von der «Konstanz» des menschlichen Wesens überzeugt sind.

Wie soll der Streit entschieden werden? Gewiß «bleiben sich die Menschen immer gleich». Das läßt sich bis zum gewissen Grade innerhalb der geschichtlichen Zeit behaupten. Aber wie kurz ist dieser Zeitraum, gemessen an den Jahrtausenden vorher! Und schließlich: Wenn wir unser «zivilisiertes» Verhalten mit dem noch lebender primitiver Völker vergleichen, sollten wir dann nicht doch von «wesentlichen» Unterschieden sprechen?

5,8. Die Frage: «Was ist Geschichte?» ist nicht leicht zu beantworten.

Wie entsteht das, was wir heute Geschichte nennen, oder wie könnte es entstanden sein?

Wir müssen uns wohl folgenden Vorgang vorstellen: Als Denken und Sprechen im Laufe langer Zeiträume sich so weit entwickelt hatten, daß sie fähig waren, erst einzelne Ereignisse und dann immer größere Zusammenhänge auszudrücken und anderen mitzuteilen, haben die Menschen das, was ihnen auffiel, was anders war, als man es erwarten konnte, was sich also aus dem gewohnten Gang des Alltags heraushob, einander erzählt, berichtet, wohl auch mit eigenen Zutaten angereichert: Naturereignisse, Himmelserscheinungen, Wunderdinge, auch was andere Menschen Gutes oder Böses getan haben, was sie an Heldentaten oder Verbrechen vollbrachten. Das alles sind «Denkwürdigkeiten», und sie wurden wohl erst mündlich weitererzählt und in späterer Zeit aufgezeichnet.

Besondere Ereignisse, die für einen Familienverband, ein Gemeinwesen von besonderer Bedeutung waren, wurden in einer Chronik festgehalten. Das sind – auch heute noch – «Quellen» für die eigentliche Geschichte.

Daher dürfen wir wohl sagen, daß Geschichte es mit dem zu tun hat, was für die Menschen bedeutsam war oder als bedeutsam angesehen wurde.

5,9. Der planende, nach Zwecken und Zielen handelnde Mensch mußte wohl mit Notwendigkeit auf den Gedanken kommen, daß das Geschehen, in das er sich verwoben fühlte, einen Sinn hat, und das heißt hier: daß es nach einem Plan und auf ein Ziel hin verläuft. Aber: Was für ein Plan ist das? Wo ist ein Ziel? Und wo stehe ich selber in diesem Geschehen, welche Aufgabe habe ich dabei zu erfüllen? Von den Antworten, die die Menschen auf diese Fragen gegeben haben, sollen hier drei in aller Kürze erwähnt werden.

Im Altertum glaubte man, daß das geschichtliche Geschehen in einer Kreisbewegung verlaufe, so, daß nach dem Ende eines solchen «Umlaufs» (das bedeutet das griechische Wort ‹Periode›) ein neuer ansetzt und auch dieser wieder in Aufstieg, Blütezeit und Verfall sich schließt. Das Bild einer Spirale könnte diese Auffassung am ehesten anschaulich machen. Jedoch ein Ziel wird bei dieser unaufhörlichen Bewegung nicht sichtbar.

Anfang und Ende und damit Sinn und Ziel gewinnt die Geschichte erst in der jüdisch-christlichen Weltanschauung. Vom ersten Schöpfungstag bis zum Jüngsten Gericht geht der Lauf der Geschichte. In ihr ist aber ein deutlicher Plan erkennbar, den der Mensch als «Heilsgeschehen» gedeutet hat und in den er sich mit seinem Denken und Handeln einbezogen weiß. Allerdings setzt das einen «Planer» voraus, der Anfang und Ende dieses Geschehens beschlossen und vorherbestimmt hat.

Was könnte nun aber eine dritte Antwort über Verlauf und Sinn der Geschichte aussagen? Es ist vielleicht die ehrlichste Antwort; denn sie geht aus von dem Eingeständnis, daß im Grunde der Mensch gar keine Möglichkeit hat, hierüber etwas Zuverlässiges zu wissen. Beide, die antike wie die christliche Geschichtsauffassung, können bestenfalls Deutungsversuche sein. Die wissenschaftliche Geschichtsforschung will daher auf solche Spekulationen verzichten und es sich zur Aufgabe machen, die Gegenwart dadurch besser zu verstehen, daß die Entwicklungslinien, die aus der Vergangenheit zu ihr hinführen, immer klarer erkannt und sicherer gedeutet werden.

Ob ein «tieferer Sinn» in dem geschichtlichen Geschehen liegt, wird in diesem Falle also nicht mehr gefragt; jede Zeit hat ihren Sinn in sich oder – mit dem berühmten Wort von Ranke: «Jede Epoche ist unmittelbar zu Gott.»

5,10. Wir sagten, daß sich die Geschichte auf das bezieht, was für den Menschen bedeutsam ist oder doch als bedeutsam angesehen wird. Wenn das richtig ist, dann sehen wir uns bereits in ein schwieriges Problem verstrickt: «für den Menschen bedeutsam», sagten wir; für welchen Menschen? Nicht für alle ist das gleiche bedeutsam. Andrerseits wäre es unmöglich und auch sinnlos, alles, was überhaupt je geschehen ist, geschichtlich zu überliefern; was sich alle Tage wiederholt, was «nichts Besonderes», was belanglos ist, gehört nicht zur «Geschichte». Aber wer entscheidet das in jedem einzelnen Fall? Wir sehen, daß von einer «Deutung» abhängt, was bedeutsam ist. Damit haben wir eine wichtige Erkenntnis gewonnen: Geschichte ist nicht einfach die Abfolge und Aufzählung «reiner Tatsachen», nicht einfach ein Bericht über Fakten, über Ereignisse, sondern ist irgendwie eine «Sinngebung» dessen, was geschehen ist auf Grund einer Deutung.

Nun wissen wir bereits, daß «Sinn haben» (1,6) immer einen größeren Zusammenhang voraussetzt; mithin wird es bei der Geschichte darauf ankommen, jedes überlieferte Faktum in dem größeren Zusammenhang zu sehen, von dem aus sich dann sein Sinn, seine geschichtliche Bedeutsamkeit ergibt.

(Diese Frage nach der geschichtlichen Bedeutsamkeit einzelner

Ereignisse ist nicht dieselbe wie die Frage nach dem Sinn der Geschichte überhaupt; problematisch bleiben freilich beide.)

5,11. Aber liegt darin nicht eine Verfälschung der Geschichte, wenn der Mensch – subjektiv – eine Auswahl aus den «Tatsachen» trifft und diese erst deuten muß, um von «Geschichte» sprechen zu können? Wir müssen sogar noch ein drittes Bedenken anmelden: Wir sprechen einfach von «Tatsachen», von «Fakten», von «bestimmten» Ereignissen. Aber was ist das eigentlich: eine «reine Tatsache»? Wenn wir einmal versuchen, den Menschen aus der Welt wegzudenken, dann wird uns klar, daß das, was geschieht und was ist, gar nicht von sich aus in «Ereignisse», in «Fakten» aufgegliedert werden kann, sondern daß erst der Mensch durch sein begriffliches Denken unter bestimmten Gesichtspunkten Teile aus dem Gesamtgeschehen heraushebt und zu Einheiten zusammenfaßt, die dann für ihn «diese Tatsache», «dieses Ereignis» sind.

Um es ganz deutlich zu machen: Wenn auf einem Waldwege eine Ameise von einem Menschen versehentlich zertreten wird, so ist das zweifellos eine Tatsache; oder wird sie es erst dadurch, daß dieses Vorkommnis im Bewußtsein eines Menschen erscheint? Doch wohl nicht; denn wir dürfen doch nicht sagen, daß das, was nie von einem Menschen bemerkt wurde, darum keine Tatsache sei.

Für die Geschichte freilich sind «Tatsachen» immer Begebenheiten, die es mit dem Menschen zu tun haben.

5,12. Deshalb ist auch die Forderung von Leopold von Ranke, die Geschichtsschreibung solle alles so «zeigen, wie es eigentlich gewesen», im Grunde gar nicht erfüllbar. Denn Geschichtsschreibung ist nicht einfach Wiedergabe von Tatsachen; das kann eine Chronik, die einfach vermerkt, was gewesen ist, viel besser.

Der Geschichtsschreiber versucht darüber hinaus, Zusammenhänge von Ereignissen, das Verhältnis von Ursache und Wirkung im geschichtlichen Verlauf darzustellen und aus dem, was überliefert ist, zu begründen. Er wird ferner versuchen, so etwas wie die Eigenart einer bestimmten Epoche, einen Zeitgeist, Kulturströmungen und politische Tendenzen aus der Geschichte herauszulesen und glaubhaft darzustellen. Dabei wirken viele Faktoren mit, die die Möglichkeit, alles nur so zu schildern, «wie es eigentlich gewesen», beeinträchtigen: Umfang und Art des Quellenmaterials, die persönliche Überzeugung und die Sichtweise des Historikers und die Frage, wieweit er sich in den «Geist» der von ihm behandelten Epoche versetzen und die Handlungen dieser Menschen und ihre Motivationen beurteilen und wiedergeben kann.

Die Forderung Rankes kann mithin nur bedeuten, daß der Geschichtsschreiber sich verpflichtet fühlen muß, nach bestem Wissen zu urteilen und «objektiv» zu sein. Aber schon die große Verschiedenheit in der Darstellung und Beurteilung gleicher geschichtlicher Epochen durch die Historiker beweist, daß diese Forderung lediglich eine ideale sein kann.

5,13. Man hat sich gefragt, ob es richtig sei und vielleicht ausreiche, daß die Geschichte sich nur so weit mit der Vergangenheit beschäftigen solle, wie nötig ist, um die Gegenwart zu verstehen, nur um zu wissen, «wie alles so gekommen ist».

Sicher ist das Interesse an der Gegenwart immer irgendwie die treibende Kraft der Geschichtsforschung; aber es ist doch ein großer Unterschied, ob eine frühere Epoche der Menschheitsgeschichte um ihrer selbst willen untersucht und beschrieben wird oder ob man nur danach fragt, was sie für die Entwicklung der heutigen Zeitverhältnisse beigetragen hat.

Denn so richtig es ist, daß wir nur aus der genauen Kenntnis der Vergangenheit ein wirkliches Verständnis für uns heutige Menschen gewinnen können, so groß ist andrerseits die Gefahr, daß wir eben nur das in der Vergangenheit sehen wollen, was irgendeine Beziehung zu uns selbst hat. Es könnte sogar sein, daß wir dann von unserem Standpunkt aus etwas in die Vergangenheit hineintragen, wodurch ihr Bild mehr oder weniger verfälscht würde.

Die Beziehung auf die Gegenwart dürfte also wohl keinesfalls allein den Historiker leiten; im Gegenteil: Er wird versuchen müssen, sich von der Denkweise, von der Begriffswelt, in der er lebt, nach Möglichkeit zu lösen, um verstehen zu können, wie die Menschen in einer weit zurückliegenden Zeit unter ganz anderen Bedingungen gefühlt, gedacht, gelebt haben und wie danach ihr Beitrag zu der geschichtlichen Entwicklung zu beurteilen und zu bewerten ist.

5,14. Diese Überlegungen werden uns leiten müssen, wenn wir uns nun konkret fragen, wie sich unsere europäische Kultur, d.h. die Eigenart unseres Daseins, aus der Vergangenheit entwickelt hat. Denn wir wollen auf unsere Frage ja nicht nur etwas über Geschichte und Geschichtsschreibung erfahren, sondern möchten wirklich wissen, «woher wir kommen», wie wir zu dem geworden sind, was man «Europäer» nennt, warum sich die Menschen in diesem kleinsten Erdteil so ganz anders entwickelt haben als z. B. die heute in der «dritten Welt» Lebenden.

Was hat es also mit dem «europäischen Kulturkreis» auf sich? Zunächst müssen wir feststellen, daß diese Bezeichnung eigentlich unzutreffend ist; denn die Kultur, die sich im Laufe der Jahrhunderte in Europa entwickelt hat, ist längst über die Grenzen dieses Erdteils hinausgewachsen, hat sich über große Teile Amerikas und Asiens ausgebreitet und greift nun auch zusehends auf die «dritte Welt» über.

Da also diese Kultur durchaus nicht einem Erdteil allein zugehört – ganz abgesehen davon, daß «Europa» geographisch gar kein besonderer Erdteil, sondern nur ein Anhängsel von Asien ist –, spricht man besser von einer «abendländischen» Kultur. Denn in ihrem Geburtsland, im alten Griechenland, empfand man als wesentlich den Unterschied der eigenen, eben griechischen, Denk-, Lebens- und Redeweise zu den im Osten (im Orient, im «Morgenland») lebenden Menschen. Das «Abendland» (der «Okzident») hat also die neue Kultur hervorgebracht, und deshalb spricht man noch heute von einer «abendländischen Kultur».

5,15. Diese nimmt ihren Ausgang von den Griechen. Was das bedeutet, haben wir nun darzulegen.

Natürlich wäre es ganz unmöglich, diesen Vorgang, der sich über Jahrhunderte erstreckt hat, im einzelnen zu schildern; wir können nur das Wichtigste herausgreifen.

Eine der frühesten Kulturschöpfungen der Griechen war die abendländische Schrift. (Daß wir sie so nennen dürfen, wird sich bald zeigen.) Etwa um das Jahr 1000 vor Christi Geburt gab es im Orient bereits verschiedene Schriftsysteme. Diese bestanden aber aus mehr oder weniger unvollständigen Zeichen für das gesprochene Wort. Die Griechen übernahmen ein solches Alphabet, fügten aber Buchstaben für die Vokale hinzu, so daß jetzt jedes geschriebene Wort eindeutig das gesprochene wiedergeben konnte. Diese lautgerechte Schrift hat sich dann im ganzen Abendland durchgesetzt (zuletzt noch 1928 in der Türkei).

Etwa vier Jahrhunderte später, also um 600 vor Christi Geburt, entstand in der griechischen Welt etwas, was für die Entwicklung der Menschheit von größter Bedeutung werden sollte. Es begann mit verwunderten Fragen einzelner Männer, was wohl dasjenige sei, aus dem alles, was ist, entstanden sei. Diese Frage nach dem «Ganzen» der Welt darf man also wohl die erste philosophische Frage nennen. Aber dann wollte man auch wissen, wie, durch welche Kräfte, aus diesem einen Stoff die unübersehbaren Formen der Dinge entstanden seien, wie es überhaupt zu Bewegung und Veränderung kommen konnte. Diesen neuartigen Fragen genügten die bisherigen mythischen Antworten nicht mehr, in denen Götter und Heroen das Weltgeschehen bestimmen sollten; man vermutete, daß die Welt bestimmten Gesetzen gehorchen müsse, die der menschliche Verstand erkennen und in Zahlenbeziehungen festhalten könne.

Damit war innerhalb erstaunlich kurzer Zeit ein neues Weltverhältnis des Menschen geschaffen: Beobachtung, Erfahrung und rechnende Vernunft, der Logos, galten jetzt als die allein zuverlässigen Grundlagen für die Welterklärung, und damit waren die Voraussetzungen geschaffen für das gewaltige System des menschlichen Wissens und menschlicher Forschung, das wir heute Wissenschaft nennen.

5,16. Aus diesen beiden Leistungen des griechischen Geistes können wir eine Eigentümlichkeit dieses Denkens erkennen: So wie die gesprochenen Worte in ihre Laute zerlegt wurden, die dann als die immer wiederkehrenden Grundbestandteile der Sprache, ihre «Elemente», erkannt wurden und ein eindeutiges Lesen und Sprechen ermöglichten, ebenso fragten die ersten Philosophen, welches wohl die Grundbestandteile der vielgestaltigen Welt, ihre «Elemente», sein könnten. Dabei waren die einen von ihnen überzeugt, daß es nur wenige verschiedene Elemente sein könnten, die anderen glaubten, daß alles aus einem einzigen Grundstoff bestehen müsse.

Die Eigenart des griechischen Denkens läßt sich demnach so verstehen: Der Auflösung der zusammengesetzten Formen der Dinge in Elemente (Analyse) steht der Versuch gegenüber, die Welt der Dinge als verschiedenartige Zusammensetzung aus den immer gleichen Elementen zu verstehen (Synthese). In diesem Zusammenwirken von Analyse und Synthese hat man die Grundform der in Griechenland entstandenen Wissenschaft gesehen. Wenn diese zuerst als geschlossene Einheit erscheint, heute aber in eine unübersehbare Fülle von «Wissenschaften» aufgespalten ist, so ist dieser Prozeß ja ganz natürlich: Die wissenschaftliche Forschung mußte immer mehr ins Einzelne vordringen und sah sich dabei gezwungen, immer neue und feinere Methoden zu entwickeln. Daß dieses Zusammenwirken von

Analyse und Synthese auch die heutigen Forschungsmethoden bestimmt, zeigt sich in der Verwendung zweier Begriffe, die immer wieder auftauchen: Durch die «Spezialisierung» werden die Forschungsgebiete immer weiter aufgespalten; in der «Integration» werden dann Gemeinsamkeiten festgestellt und dann besser verstanden als vorher.

Dabei spielt aber noch eine andere geistige Kraft eine entscheidende Rolle: Es genügt nicht, daß der einzelne Forscher sich immer nur an seine methodischen Vorschriften hält; oft wird eine Art geistiges Schauen, ein Ausblick auf etwas Neues, bisher Unbekanntes, das Vorahnen eines neuen Ergebnisses (also eine «Intuition») ihm den Weg weisen müssen. Ein solcher Vorgang bestimmt eigentlich immer, im kleinen wie im großen, die Richtung und den Verlauf der wissenschaftlichen Forschung mit.

5,17. Wir sagten, daß Beobachtung, Erfahrung und die rechnende Vernunft, der «Logos», die Mittel seien, mit denen die neue Wissenschaft zu einer einheitlichen Weltsicht zu kommen versuchte.

Nun, Beobachtung und Erfahrung hatten schon immer die Menschen geleitet, wenn sie wissen wollten, wie man die Kräfte der Natur zur Erhaltung und zum Schutz des Lebens verwenden müsse. Wir werden also vermuten, daß jetzt das Neue der Logos war, der zu besseren, sicheren und umfassenden Einsichten verhelfen sollte.

Aber was ist das, «der Logos»? Diese Frage ist oft gestellt und sehr verschieden beantwortet worden. Schon in der frühesten Zeit der griechischen Philosophie begegnen wir mehreren Deutungen dieses rätselhaften Wortes. Zunächst bedeutet Logos das gesprochene Wort, dann aber auch das, was mit ihm gemeint ist: der Begriff. Sehr bald wird dann die Fähigkeit des begrifflichen Denkens überhaupt und damit der menschliche Verstand so genannt. Sobald man aber diese merkwürdige Fähigkeit erkannt hatte und bewußt anzuwenden verstand, war es nur natürlich, daß sie selber einer wissenschaftlichen Untersuchung unterzogen wurde; man fragte sich: Wie arbeitet eigentlich der Logos? Und da erkannte man bald, daß das menschliche Denken nach bestimmten Regeln verlaufen müsse, wenn es zu richtigen Resultaten führen und Irrtümer – wenn möglich – sogar selber aufdecken sollte. Schon im 4. Jahrhundert war diese Arbeit geleistet, und der große Aristoteles konnte ein vollständiges System dieser Regeln vorlegen, von dem wir bereits (2,12–18) die Grundformen behandelt haben: das System der formalen Logik.

5,18. Wir würden aber den Logos ganz falsch verstehen, wenn wir in ihm nur ein Denksystem sähen.

Wenn in sogenannten primitiven Kulturen der Mensch sich zwischen die Gewalten der Natur und die Macht der Götter gestellt sieht und weiß, daß er an dieser schicksalhaften Gebundenheit nichts ändern kann, so dürfen wir den Augenblick, da der Mensch beginnt, sich der eigenen Kraft bewußt zu werden, diese schicksalhafte Lage zu ändern, als den Ursprung des Logos bezeichnen. Denn jetzt muß sich sein Verhältnis zur Natur ebenso wie zu den Göttern von Grund auf ändern. Nun beginnt der Logos wie ein Organismus zu leben, der sich selber weiterentwickelt, seine Leistungen steigert und so die eigentliche Grundlage und Voraussetzung dafür bildet, was wir «Fortschritt» nennen. Wenn das aber so ist, daß der Logos wie eine selbständige Macht sich selber steigert und nach eigenem Gesetz immer neue Kräfte und Wirkungen hervorbringt, dann ist eigentlich ein Ziel, ein Ende dieser Entwicklung nicht abzusehen; der Mensch hätte es ja nicht in der Hand, diesen Prozeß zu bremsen und das immer raschere Tempo des «Fortschritts» aufzuhalten. Dann aber dürften wir nicht so stolz auf unsere Fortschritte sein, müßten sogar Angst haben bei dem Gedanken, wohin diese unheimliche Macht uns tragen, was unter der Herrschaft des Logos von uns noch verlangt werden wird.

Technik, Industrialisierung und mit ihnen die Wirtschaft steigern unaufhörlich das Tempo unseres «Fortschritts», und es mehren sich die Stimmen – gerade von denjenigen, die selber in diesen Prozeß verwickelt sind –, die eine Katastrophe kommen sehen, wenn der «Fortschritt» nicht gesteuert und aufgehalten werden kann. (Hier ist nur der von Wissenschaft und Technik vorangetriebene Fortschritt gemeint, nicht die Fortschritte, die die menschliche Gesellschaft in den Formen ihres Zusammenlebens gemacht hat.) Man hat auch gesagt, daß hier die Wissenschaft nicht retten kann; «sie sieht nicht, wie sie im vermeintlichen Willen zur Rettung nur die Mittel zum Untergang fördert. Sie sieht den Menschen nicht, wie er wirklich ist...» (Corti, Vom kleinen und vom großen Ich, S. 43). Lorenz in die 8 Todsünden, S. 76: «Das Entwicklungstempo (wird) ... der heutigen Kultur von ihrer Technologie aufgezwungen.»

5,19. Aber wir fragten ja nicht, wohin wir gehen, sondern woher wir kommen, und deshalb wollen wir jetzt weiterverfolgen, welchen Weg die abendländische Kultur im Laufe der Jahrhunderte genommen hat. Um zu verstehen, was das Abendland den Griechen verdankt, müssen wir noch einmal einen Schritt zurück tun und einen Namen nennen, mit dem die entscheidende Wendung von der Philosophie der Natur zur Philosophie vom Menschen verknüpft ist: Es ist Sokrates, der Lehrer Platos.

Wie ist es zu erklären, daß sein Name zu allen Zeiten mit der größten Achtung genannt wird, obwohl von ihm nicht eine einzige Zeile überliefert ist und wir lediglich aus den Dialogen Platos und dessen Verehrung entnehmen können, durch welche Ideen Sokrates nicht nur auf seine Zeit, sondern auf die Entwicklung des abendländischen Menschenbildes gewirkt hat?

Versuchen wir, es in wenigen Worten zu sagen: Die Welterklärungsversuche der ersten – der «vorsokratischen» – Philosophen waren so verschieden und widersprüchlich, daß wir verstehen können, wie sich sehr bald eine Reaktion dagegen erheben mußte: Die Lehre griff um sich, daß es so etwas wie eine allgemein gültige Wahrheit und deshalb auch eine allgemein gültige Norm für das menschliche Handeln nicht geben könne. Der einzelne Mensch sei für sich «das Maß aller Dinge», jeder habe mit Recht seine eigene Meinung, es komme nur darauf an, sie anderen gegenüber zur Geltung zu bringen, vor allem im politischen Leben. Sophisten nannte man diese gefährlichen Vertreter einer neuen Philosophie, und ihr Einfluß in der Öffentlichkeit war groß (vgl. 2,19).

So war das philosophische Fragen von der Natur auf den Menschen gelenkt; aber wohin sollte das führen? Wenn es nichts mehr gab, das gleichermaßen für alle galt, wenn jeder selbstherrlich über Wert oder Unwert seines Denkens und seines Handelns entscheiden und seine Meinung mit den fragwürdigen Mitteln sprachlicher Überredungskunst anderen aufzwingen konnte, so war damit der Zerfall jeder menschlichen, jeder politischen Gemeinschaft besiegelt.

Gegen diesen Niedergang des politischen Lebens, der sich bereits ankündigte, suchte Sokrates mit den Mitteln einer echten Philosophie anzukämpfen, und das bedeutete, zunächst nach der Natur des Menschen zu fragen und den Glauben an ein für alle gültiges Sittengesetz wiederherzustellen, damit daraus Grundsätze für das menschliche Zusammenleben gefunden werden könnten.

So ist die sokratisch-platonische Philosophie der Ausgangspunkt jener beiden Zweige der abendländischen Philosophie geworden, die als *Ethik* das sittliche Verhalten des Einzelnen und als *Politik* das rechte Zusammenleben der Menschen behandelt.

5,20. Diese neue Hinwendung des philosophischen Denkens zum Menschen hatte nun aber noch eine eigenartige Tiefenwirkung. Schon in den ältesten Zeiten der griechischen Geschichte war es ein Grundzug der Lebensgemeinschaft, daß man der Erziehung der heranwachsenden Generation besondere Aufmerksamkeit schenkte. Sobald nun aber das philosophische Denken sich den Menschen zum Gegenstand machte, mußte auch die Erziehung zum Thema der Philosophie werden. Mehr noch: Nicht nur *über* Erziehung wollte man philosophieren, sondern *in* und *bei* der Erziehung; d.h. man erkannte, daß der junge Mensch durch Philosophie zum Nachdenken über sich selbst geführt und dadurch fähig würde, die Erziehung als seine eigene, persönliche Aufgabe anzusehen. Damit war ihm die Freiheit gegeben, sein Denken und die Grundsätze seines Handelns selber zu bestimmen, so wie sie seinem Wesen entsprechen und wie er sie vor sich selber verantworten kann. Das ist nicht die schrankenlose Willkür, wie sie die Sophisten gepredigt hatten; denn zur philosophischen Besinnung gehört auch die Einsicht in die Notwendigkeit und daher die Anerkennung von Normen, von Ideen, denen der Mensch verpflichtet ist, wenn er Mensch sein will.

Diese Spannung von Freiheit und Anerkennung sittlicher Normen macht schließlich das aus, was wir eine Persönlichkeit nennen; und wir verstehen jetzt, daß wir dieses uns allen vertraute Erziehungs- und Bildungsideal, das ein Wesenszug der abendländischen Kultur ist, im letzten Grunde der sokratisch-platonischen Philosophie verdanken.

Hat der junge Mensch diese philosophische Selbsterziehung sich zu eigen gemacht, dann wird ihn die Idee der philosophischen Lebensgestaltung sein ganzes Leben begleiten und ihn glücklich machen. Und so wird das, was vorher (von außen gesteuerte) Erziehung war, zu einem (von innen gesteuerten) Vorgang der Selbstbildung, Selbstformung. Hier wird nicht mehr von außen «gezogen» oder «geführt» (was in dem Fremdwort Education steckt), sondern jetzt geht der Mensch seinen Weg allein, in eigener Verantwortung, mit eigener Sinngebung und Gestaltung seines Lebens. Damit ist zugleich gesagt, daß dieser Selbstbildungsvorgang kein erreichbares Ziel, mithin kein Ende haben kann, vielmehr eine lebenslange Aufgabe ist.

5,21. Das Abendland hat nun aber keineswegs durch die griechische Philosophie allein seine eigentümliche Prägung erfahren: Wir alle wissen, daß das Christentum jene geistige Macht war, die unser Denken über Welt und Geschichte, über die Bestimmung des Menschen und den Sinn des Lebens und mit alledem unsere Gottesvorstellung geprägt hat.

Es ist nun aber durchaus nicht so, daß das Christentum und die «heidnische» Philosophie der Griechen wie zwei Fremdkörper aufeinander gestoßen wären und die abendländische Tradition als das Ergebnis eines erbitterten Kampfes angesehen werden müßte.

Vielmehr hatten schon manche der frühesten griechischen Philosophen erkannt, daß das menschliche Wissen lückenhaft, unklar und trügerisch sei, und hatten daraus geschlossen, daß es einen Gott geben müsse, dem allein alles wahre Wissen zukomme. Aber das ist dann eben sozusagen ein durch den Logos erschlossener Gott, der mit dem Gott der christlichen Offenbarung wohl nur den Namen gemeinsam hat. Es wäre also falsch zu sagen, daß schon bei den «Vorsokratikern» der «Monotheismus», der Glaube an einen Gott, sich durchgesetzt hätte. Die mythischen Vorstellungen von den vielen Göttern, denen der Mensch mit Verehrung und Opfern begegnen müsse, beherrschen in jener frühen Zeit noch weiterhin das griechische Denken. Auch Sokrates lebt noch ganz in dieser frommen Götterverehrung: Plato berichtet am Schluß seines Dialoges ‹Phaidon› von der ergreifenden Szene, wie Sokrates, als er den Giftbecher getrunken hat und den Tod nahe fühlt, zu seinen Freunden sagt: «Nun sind wir dem Asklepios einen Hahn schuldig. Also opfert ihm und versäumt es nicht!» Es ist kein Zweifel, daß es ihm in diesem Augenblick ganz ernst war mit der Bitte, dem Gott der Gesundheit ein Opfer zu bringen, weil er jetzt von der Krankheit des Lebens durch den Tod geheilt wird.

5,22. Der wirkliche Glaube an den einen Gott, die grundsätzliche Ablehnung der Vielgötterei ist mit dem Christentum in das Abendland gekommen. Aber wir dürfen uns das nicht so vorstellen, daß etwa der alte Glaube durch den neuen plötzlich und vollständig abgelöst worden wäre; vielmehr haben schon vor dem Auftreten Jesu enge Beziehungen zwischen der jüdischen Religion und der griechischen Philosophie bestanden. Dieser Verschmelzungsprozeß hat sich dann in den ersten christlichen Jahrhunderten fortgesetzt. Vollständig gelingen konnte er freilich nicht; dazu waren die Gegensätze zu groß: die christliche Verkündigung beruft sich auf die göttliche Offenbarung, die Philosophie kann aber nur das reine Denken des Menschen als das letzte Kriterium der Wahrheit anerkennen.

So gehen diese beiden Ströme der Welterklärung und Sinngebung des Lebens bis zum heutigen Tage nebeneinander her.

Aber darüber können wir in großen Zügen nur folgendes sagen: Wir wissen, daß sich das Christentum allmählich in ganz Europa Geltung verschafft hat. An diesem Vorgang hatte die griechische Philosophie insofern Anteil, als sie mit ihren logischen Denkmitteln die Glaubenslehren unterbauen half und damit die christliche Theologie, d.h. ein System der Glaubensinhalte, mitgestalten konnte. Deshalb sagte man im Mittelalter, die Philosophie sei «die Dienerin» der Theologie.

Der Mensch, der bei den klassischen Philosophen mit seinem autonomen Denken Herr seiner selbst war, wurde in christlicher Sicht zum Sünder, der auf die Erlösung durch Gottes Güte angewiesen bleibt. Im ganzen hat also die christliche Glaubenslehre während der ersten eineinhalb Jahrtausende unserer Zeitrechnung das abendländische Denken geprägt.

Aber mit dieser Vereinfachung dürfen wir uns doch noch nicht zufrieden geben; wir müssen wenigstens noch erwähnen, daß die «Dienerin» immer eine wichtigere Rolle gespielt hat, als ihrem Stande sonst zukommt: Besonders im späten Mittelalter stand sie stets bereit, ihrer Herrin, der Theologie, mit den ihr eigenen Mitteln, nämlich mit Vernunftgründen, zu Hilfe zu kommen, wenn es nötig schien. Dabei war es vor allem Aristoteles, auf dessen logisch durchgeformtes System man sich immer wieder berufen hat.

5,23. Diese Hilfe hat ihre Herrin in einer Form vergolten, die wir uns heute nur noch schwer vorstellen können. Wenn wir bedenken, daß es bis etwa zum Jahre 1450 nicht möglich war, die aus der Antike noch vorhandenen Texte durch Druck zu vervielfältigen, werden wir die Leistung der Klöster würdigen können, die darin lag, daß die Mönche in stiller, geduldiger Arbeit diese Werke abschrieben und so der Nachwelt erhalten haben.

Jetzt aber war die Möglichkeit geschaffen, die geistigen Erzeugnisse, alte und neue, durch den Druck zu verbreiten, und damit wurde das *Buch* zum Träger einer neuen Kulturentwicklung. Eine solche hatte freilich schon früher in Italien eingesetzt, und zwar mit einer ganz bewußten Nachahmung und damit Wiederbelebung des Altertums. Renaissance, «Wiedergeburt», nennt man diese Epoche, die über mehr als zweihundert Jahre das Lebensgefühl, die Dichtung und die bildende Kunst bestimmt hat.

Der Mensch der Renaissance will nicht länger in den Bindungen des mittelalterlichen Bewußtseins befangen bleiben; aus der Kenntnis der antiken Schriftsteller erwächst ihm ein neues Bewußtsein: Er empfindet sich als Einzelwesen, als Person, die sich selber das Gesetz des eigenen Denkens und Handelns geben, also nach dem antiken Persönlichkeitsideal leben will. Nur dürfen wir nicht meinen, daß dieses neue Lebensgefühl etwa alle Menschen dieser Zeit erfaßt hätte; Träger einer Kultur waren zu jener Zeit – ebenso wie im Altertum – immer nur wenige, aber eben die, von denen die entscheidenden Einflüsse auf Kunst, Literatur, Politik und Philosophie ausgingen.

Häufig wird noch ein anderer Begriff verwendet, um das Eigentümliche dieser Kulturperiode, mit der die «Neuzeit» beginnt, zu bezeichnen: der «Humanismus». Es ist schwer, dessen Bedeutung durch ein treffendes deutsches Wort wiederzugeben! Gemeint ist mit «Humanismus» etwa die Überzeugung, daß der Mensch, befreit von mittelalterlichen Bindungen, wieder Herr seiner eigenen Lebensgestaltung sein sollte und daß ihm dazu am ehesten das Studium der antiken Autoren verhelfen könne. In diesem Sinne wurde noch bis vor wenigen Jahren ein Gymnasium «humanistisch» genannt, in dem die alten Sprachen, Latein und Griechisch, im Mittelpunkt standen; man war und ist noch heute davon überzeugt, daß der Geist der Antike in seiner Echtheit nur in der Ursprache zur Wirkung kommt und daß durch Übersetzungen nicht selten gerade die entscheidenden Gedanken und Einsichten entstellt und mißverstanden werden können (vgl. auch 2,7).

5,24. Nun hat sich aber im Laufe der Jahrhunderte eine ganz andere Bildungsmacht zu Wort gemeldet: die Naturwissenschaft. Ihr Prinzip ist es nun gerade, daß der Mensch von sich selber absehen, daß er Wissenschaft immer «objektiv» betreiben soll, wenn er das, was ist und wie es ist, erkennen und eben ganz «objektiv» darstellen soll. Trotzdem bleibt das humanistische Bildungsideal der Entfaltung und Formung der Persönlichkeit bestimmend; das Bildungsstreben muß also gleichzeitig nach außen, auf Welterkenntnis, und nach innen, auf Persönlichkeitskultur, gerichtet sein.

Aber wie ist diese doppelte Forderung zu erfüllen? Theoretisch wohl überhaupt nicht; aus der Spannung zwischen beiden Bildungsprinzipien sollten wir erkennen, daß «Bildung» nicht ein konkretes, erreichbares Ziel sein kann, sondern ein lebendiger, unendlicher Prozeß ist, der von jedem einzelnen Menschen als die ihm eigentümliche Aufgabe erkannt und gelenkt werden sollte.

Bis heute klagen die Vertreter der Naturwissenschaften und der Technik darüber, daß in den Schulen noch immer zu wenig Wert darauf gelegt wird, den jungen Menschen mit dem bekannt zu machen, was die Naturwissenschaften zur Welterkenntnis beigetragen haben. Die andere Seite klagt darüber, daß die tatsächliche Verhaftung des Menschen in der technischen Welt immer größer wird und diejenigen Werte, die sein eigentliches Menschsein ausmachen, verkümmern.

Was sollen wir also tun? Im Bildungsvorgang sollte eine gewisse Ausgewogenheit erstrebt werden, und jeder einzelne sollte sich prüfen, nach welcher der beiden Seiten seine Veranlagung und sein Interesse ihn zieht, und dann seinen Bestrebungen eine entsprechende Richtung geben, ohne die andere Seite ganz zu vernachlässigen.

5,25. Nur in aller Kürze können wir an dieser Stelle auf die Frage eingehen, inwieweit wir von einer abendländischen Kunst sprechen können. Wenn wir hier nur drei ihrer Ausdrucksformen: bildende Kunst, Literatur, Musik, untersuchen, ob ihre Entwicklung in die Antike zurückreicht, so müssen wir unterscheiden: Die beiden ersten Kunstgattungen hatten bereits bei den Griechen eine solche Vollkommenheit erreicht, daß wir von «klassischen» Werken sprechen und damit meinen, sie seien vorbildlich, mustergültig für jede spätere Zeit, ja für die Menschheit überhaupt.

In der Tat zeigt die Geschichte der abendländischen bildenden Kunst – also der Malerei, der Bildhauerkunst und der Architektur –, daß bis in die neueste Zeit die Antike in ihren Ausdrucksformen als Vorbild gedient hat, z.T. sogar auch darin, daß viele Kunstwerke – besonders im Mittelalter – als Ausdruck religiöser Innerlichkeit geschaffen wurden.

Ganz augenfällig wird die Nachahmung der Antike in der Zeit der Renaissance, deren Baustil für Jahrhunderte, wenn auch mit Abwandlungen, bestimmend geblieben ist.

Auch in der Literatur werden noch immer vorwiegend die Gattungen verwendet, die im Altertum zu höchster Vollendung entwickelt waren: die Lyrik, das Drama, der Roman. Dieser freilich hat sich erst im späteren Altertum entwickelt; als seinen Vorläufer kann man aber das Epos ansehen, von dem wir in Homers Ilias und Odyssee (etwa um 800 vor Christi Geburt) das älteste Zeugnis haben.

Schwieriger ist es für uns, die Geschichte der Musik vom Altertum bis in die Neuzeit zu verfolgen. Dazu ist ein besonderes Studium nötig. So viel können wir aber sagen, daß der große Formenreichtum unserer heutigen Musik nicht aus dem Altertum stammt. Trotzdem können wir mit vollem Recht von einer abendländischen Musik sprechen. Schon ein Vergleich mit den musikalischen Formen anderer Kulturkreise legt das nahe. Wenn wir uns aber fragen, was die Musik der Neuzeit dem Altertum verdankt, so sind es zunächst die mathematisch bestimmten Verhältnisse der Tonreihen, der Zusammenklänge und der Rhythmen, dann aber die logischen Gesetzen gehorchenden musikalischen Formen, die – ebenso wie die logisch begründete Sprache – allgemein verständlich und in ihrer Ausdrucksfähigkeit beglückend sind. Und daß diese Ausdrucksmöglichkeiten so wandlungsfähig sind, daß man von einem persönlichen Stil eines Komponisten sprechen kann, ist ein weiteres Zeichen für den abendländischen Geist unserer Musik.

5,26. «Erkenne dich selbst!»
«Werde, der du bist!»
«Immer der Beste sein und sich vor den anderen hervortun!»

Drei berühmte Aussprüche aus der griechischen Frühzeit. Was sagen sie uns?

Alle drei wenden sich an den einzelnen Menschen; er solle über sich nachdenken, um zu erkennen, was es heißt, Mensch zu sein. Aber jeder Mensch soll auch seine Eigenart erkennen, soll seine Kräfte, seine Fähigkeiten prüfen, wohl auch sich seine Grenzen und seine Schwächen eingestehen und dann diese Eigenart an der Idee, an der Norm des Menschseins messen und seine «Individualität» zur Höchstform entfalten. Das ist wohl der Sinn des zweiten Satzes, wie wir ihn heute verstehen.

Durch bloßes Nachdenken darüber wird freilich nicht viel gewonnen: nur an Schwierigkeiten und Widerständen können sich Kräfte entfalten, und dazu muß sich der Mensch mit der Welt auseinandersetzen, mit den Dingen und den Menschen. Dann verstehen wir den Sinn des dritten Satzes (der ein Vers von Homer ist). Er meint nicht, jeder solle den anderen aus dem Felde schlagen und sich an seine Stelle setzen; schon die Zielvorstellung, das Beste leisten zu wollen, wird den Menschen zur Anspannung aller seiner Kräfte anspornen.

Dazu muß er sich aber mit dem anderen messen können: So können wir verstehen, daß sich bei den Griechen die Idee des friedlichen

Wettkampfes entwickelt hat, in dem der Einzelne die Möglichkeit hat, sich als der Beste zu erweisen.

Wie diese Idee ein ganzes Volk ergreifen konnte so, daß zu Ehren der höchsten Götter Wettkampfspiele veranstaltet wurden, können wir heute kaum verstehen. Tatsache ist, daß bereits im Jahre 776 vor Christi Geburt die ersten olympischen Spiele abgehalten wurden, die dann über tausend Jahre lang alle vier Jahre ausgetragen wurden. (Das erste olympische Stadion war ein einfacher freier Platz neben einem weiten heiligen Tempelbezirk in Olympia!)

Mit der Erneuerung der olympischen Spiele im Jahre 1896 hat man ein eindrucksvolles äußeres Zeichen setzen wollen dafür, daß die Idee des Sports, der Entfaltung und Steigerung der Körperkräfte im Wettkampf ein wesentlicher Bestandteil des abendländischen Kulturbewußtseins ist, das sich mit dieser Idee ebenso wie mit dem Geiste der Wissenschaft allmählich über die ganze Menschheit verbreitet.

5,27. Schließlich dürfen wir nicht vergessen, daß die Gesellschaftsordnung, in der wir heute leben, ein Erzeugnis des abendländischen Geistes ist. Wie der Einzelne selber dafür verantwortlich sein soll, sein Leben selber zu gestalten, so wird auch von der menschlichen Gesellschaft verlangt, daß sie die Art und Weise ihres Zusammenlebens selber bestimmen und in eine Form bringen soll, die dem Wesen des Menschseins entspricht. Nicht dem Willen eines Alleinherrschers (wie in Ägypten und in Persien) soll das Volk unterworfen sein, sondern das «Volk» soll über sich selber die «Herrschaft» ausüben: Das nämlich ist die Bedeutung des griechischen Wortes «Demokratie».

Nun bildete Griechenland, solange es frei war und die Form seines öffentlichen Lebens selber bestimmen konnte, nie eine Einheit; die Städte waren selbständig und verwalteten sich selbst – mehr oder weniger, manchmal auch gar nicht «demokratisch». Die *Polis,* die Stadt, war die Einheit, in der die Bürger nach eigenen Gesetzen lebten, und von diesem Worte «Polis» leiten sich noch heute die von uns gebrauchten Bezeichnungen für die Gestaltung des öffentlichen Lebens her: die Politik, das Politische und alle weiteren Ableitungen.

Praktisch geübt und theoretisch, philosophisch begründet wurde die Demokratie in Athen, und es sind wieder die großen Philosophen Plato und Aristoteles, deren umfangreiche politische Werke noch immer Gegenstand wissenschaftlicher Forschung sind; aber sie verherrlichen nicht einfach die Demokratie, sondern sprechen auch sehr ernst Warnungen aus, da sie schon zu Lebzeiten beobachten konnten, daß die Demokratie immer in Gefahr ist, daran zugrunde zu gehen, daß sie grundsätzlich allen, also auch ihren Gegnern, das Recht der freien Meinungsäußerung einräumen muß.

So hat auch unser modernes politisches Denken seinen Ursprung in Griechenland: Die Idee des «Staates» steht im Gegensatz zu den orientalischen «Reichen», wo die Menschen unter der Willkürherrschaft ein für griechische Begriffe unwürdiges Leben führen müssen.

(6) Was sind die anderen für mich?

6,1. Wir haben uns (3,7) klar gemacht, daß «etwas» überhaupt nur dann wahrgenommen werden kann, wenn es sich von etwas anderem abhebt, daß «Dinge» nur dadurch sichtbar werden können, daß sie dem Licht einen Widerstand entgegensetzen, für uns also «Gegenstände» sind. Nun sind diese Gegenstände nicht nur «Dinge», die wir zur Erhaltung und Gestaltung unseres Lebens brauchen; auch die anderen Menschen sind zunächst, in diesem Sinne, «Gegenstände» unserer Wahrnehmung. Aber unsere Beziehungen zu ihnen sind doch ganz anderer Art: Ob wir dem anderen Menschen äußerlich oder innerlich näher oder ferner stehen – in jedem Falle ist er für uns *Mit*mensch, ob unmittelbar persönlich oder als Teil der Gesellschaft, der Menschheit.

Wenn wir bisher allgemein von Umwelt gesprochen haben, so wollen wir die in eigenartiger Weise mit uns verbundenen Mitmenschen – dem philosophischen Wortgebrauch entsprechend – «Mitwelt» nennen. Unsere Frage soll also Überlegungen darüber auslösen, was es heißt, mit anderen zusammenzuleben, welches die Bedingungen sind, die dieses Zusammenleben möglich machen, kurz: welches die Formen und Normen sind, die unser Verhalten zur Mitwelt bestimmen.

Natürlich soll unsere Frage: «Was sind die anderen für mich», nicht so verstanden werden, daß wir die anderen für unsere Zwecke und Interessen gebrauchen und ausnützen sollten. Selbstverständlich schließt sie auch die Gegenfrage ein: Was bin ich für die anderen?

6,2. Das sagt sich so leicht: Ich – die anderen; aber was wäre ich denn ohne die anderen?

Wir wollen von der einfachen Tatsache ausgehen, daß jeder Mensch sich mehr oder weniger bewußt als eine Einheit empfindet, und zwar zunächst als eine körperliche Einheit, d.h. als einen Organismus, dessen Teile in einem erstaunlichen Zusammenwirken eben diese Einheit bilden und für seine Erhaltung sorgen. Sodann empfinden wir uns aber auch seelisch als eine Einheit, d.h. wir haben ein (individuelles) Ich-Bewußtsein, das wir ebenso als unteilbar empfinden; denn das besagt ja der Begriff In-dividuum.

Wie problematisch dieses Ich-Bewußtsein ist, haben wir bereits erörtert (4,1–5); deshalb werden wir ohne weiteres verstehen, wieviel schwieriger es sein muß, Aussagen darüber zu machen, was eigentlich geschieht, wenn zwei dieser unbegreiflichen «Iche» einander gegenübertreten und «Kontakt» aufnehmen wollen oder sollen.

Diese Frage muß uns also zunächst beschäftigen; aber es ist ja nach *den* anderen gefragt. Sind das nur viele einzelne, oder macht es vielleicht einen Unterschied, wenn mir «die anderen» als eine Gruppe, als eine Gesellschaft oder eine Gemeinschaft, als Partei oder in einer sonstigen Organisationsform gegenübertreten, von denen Wirkungen ausgehen, die übermächtig sein können und mein Handeln, aber auch mein Denken in noch ganz anderer Weise beeinflussen, als es der einzelne andere kann?

So spaltet sich unsere Frage in zwei Teile: Welche Probleme werden sichtbar, wenn wir über das Verhältnis von Mensch zu Mensch nachdenken, und: Was ergibt sich aus den Überlegungen über das Verhältnis des einzelnen zur Gesellschaft?

Es ist zu vermuten, daß die zweite Frage viel mehr Probleme aufwerfen und deshalb eine viel umfangreichere Behandlung verlangen wird; die erste Frage dürfte aber deshalb schwieriger sein, weil jedes Verhältnis von Mensch zu Mensch genau genommen einmalig ist und sich deshalb allgemeinen Aussagen weitgehend entzieht.

6,3. Wenn man im anderen einfach ein fremdes «Ich» sehen will, so hat das nur insofern Sinn, als man voraussetzen muß, daß der andere ebenfalls ein Ich-Bewußtsein hat. Es ist mir aber offenbar unmöglich, mich in den anderen so zu versetzen, daß ich sein Ich-Bewußtsein gewissermaßen übernehmen, mitempfinden, miterleben könnte. Ich kann also den anderen eigentlich niemals ganz verstehen; ich kann nur begrifflich von einem «anderen Ich» sprechen. Das würde bedeuten, daß mein Ich von jedem anderen Ich durch Welten getrennt ist.

Nun, wir wissen, daß das nicht das letzte Wort sein kann, daß diese absolute Weltferne des einen vom anderen nicht das Schicksal unserer Menschenwelt ist. Denn wir «kennen», wir «verstehen» ja einander; wir sind durch Beziehungen mannigfacher Art miteinander verbunden; nur *wie* das möglich ist, *wie* diese absolute Vereinzelung überwunden wird und was geschieht, wenn sich zwei Menschen in die Augen blicken – das ist das Problem.

Schon die scheinbar elementare Beziehung von Mensch zu Mensch, die durch das Wort «Liebe» bezeichnet wird, ist von jeher als etwas Unbegreifliches und Göttliches empfunden worden, als eine Macht, die den Menschen in seinem innersten Wesen, in seiner Existenz erfaßt, eine unmittelbare Verbindung zum anderen bewirkt und eben dadurch das Gefühl absoluter Vereinzelung nicht aufkommen läßt. Denn von Anfang seines Lebens an lebt der Mensch im Normalfall in Liebesbeziehungen verschiedener Art und Stärke eingebettet, geschützt und in seinem Lebensgefühl bereichert.

Aber auch diese Betrachtung erfaßt offenbar das Problem noch nicht in seiner Tiefe. Wenn ich mir die Frage stelle: Wie kommt es eigentlich zu einem Bewußtsein meines Ich als einer Person? so wird uns zunächst der Gedanke fremd sein, daß der andere dabei eine wesentliche Rolle spiele, ja daß er dabei eine konstituierende Bedeutung haben könnte in dem Sinne, daß das Ich sowohl im Abstand zu dem anderen und gleichzeitig durch die mögliche und erwünschte Bestätigung durch den anderen das eigene Personsein erfährt.

Wie tiefgehend diese Wirkung sein kann, kommt in den Worten eines französischen Philosophen zum Ausdruck: «Es scheint, daß auch der sicherste Weg von mir zu mir in der Selbsterkenntnis und Selbstbeherrschung über den Umweg des Blicks des anderen führt. Der andere ist so der Mitwirkende an meinem innersten geistigen Leben» (Emmanuel Mounier). Und Goethe sagt im Tasso: «Der Mensch erkennt sich nur im Menschen, nur das Leben lehret jeden, was er sei.»

Es gilt also wohl für die Mitwelt dasselbe Gesetz, das sich uns bei der Umwelt gezeigt hat (3,7): daß ein «Gegenüber», ein Gegenstand als «Widerstand» nötig ist, damit dort das Bewußtsein von einem Sein einer Welt, hier ein Ich-Bewußtsein sich entwickeln kann.

6,4. Wenn nun also der andere für uns einerseits Mitmensch ist, andrerseits aber doch der «ganz andere», was folgt aus diesem problematischen Verhältnis für unser *Verhalten* zu ihm?

Die Verbindung zwischen zwei Personen wird durch den Ausdruck des einen und die Deutung dieses Ausdrucks auf der anderen Seite hergestellt. Diese Deutung führt zum «Verstehen» des anderen, unter der Voraussetzung, daß die Deutung richtig ist, daß sie dem, was der Ausdruck meint, voll entspricht.

Hier werden sofort zwei mögliche Fehlerquellen sichtbar: Der «Ausdruck» kann unecht sein, d.h. das Gesagte entspricht nicht dem Gemeinten: Es wird etwas vorgetäuscht. Oder der Partner versteht etwas falsch oder vermutet eine beabsichtigte Täuschung. Nehmen wir hinzu, daß der Wortgebrauch bei beiden Partnern, wie so oft (vgl. 1,20), verschieden ist, so ergibt sich, daß ein absolut sicheres Verständnis kaum je möglich ist.

Wenn wir uns dessen bewußt sind, daß die Wahrscheinlichkeit von Mißdeutungen und Mißverständnissen außerordentlich groß ist, dann gewinnen wir schon einen wichtigen Gesichtspunkt für das Verständnis dessen, was man Toleranz nennt. Auch wenn ich glaube, den anderen voll verstanden zu haben, selbst aber eine ganz andere Auffassung von der Sache habe, sollte ich damit rechnen, daß dem anderen einfach die Voraussetzungen fehlen, um ein zutreffendes Urteil abgeben zu können. Andrerseits müßte ich dasselbe Kriterium auch auf mich selber anwenden, d.h. ich müßte bereit sein, meine eigene Überzeugung in Frage zu stellen. Denn wo Toleranz und Selbstkritik fehlen, führt das Beharren auf der eigenen Meinung – wie wir wissen – sehr schnell zu einem bloßen Streit um Worte, der um so unsinniger zu werden pflegt, je heftiger er wird, weil sich jeder der beiden Partner auf seinen Wortgebrauch versteift. Es kommt dann dazu, daß jeder «seine Sprache spricht», wie man sagt, und jede Verständigung unmöglich wird.

6,5. Woher kommt es also, daß die Sprache, daß das gesprochene Wort so vieldeutig sein kann?

Weil in einem Gespräch ein Gedanke nicht mit letzter begrifflicher Schärfe und sprachlicher Genauigkeit formuliert erscheint, sondern immer mehr oder weniger unkontrollierbare Faktoren (Gefühle, Vorurteile, Kritik) mit im Spiel sind – sowohl beim Sprechenden wie beim Hörenden –, die den Sinn des Gesprochenen verändern, verzerren, entstellen können. Schon in der Tatsache, daß, wenn ich etwas sage, ich damit etwas sagen *will,* könnte man eine Form der Aggression sehen, die beim Partner leicht eine Abwehr hervorruft.

Ebenso muß man bedenken, daß jeder Mensch in jedem Augenblick in einer bestimmten Stimmungslage ist, auch wenn er noch so «ausgeglichen» wirkt. Denn das «Gestimmtsein» ist – wie Heidegger sagt – eine ursprüngliche Seinsart, begleitet also jeden Lebensvorgang, ob es so empfunden und bewußt gemacht wird oder nicht.

Wir müssen demnach annehmen, daß bei einem Gespräch beide Partner immer unter der Wirkung ihres augenblicklichen Gestimmtseins stehen. Beim Sprechenden wird dadurch der Gedankengang und seine Ausdrucksform oft unbemerkt gesteuert; aber auch beim Gesprächspartner ist die Deutung des Gehörten, das Verstehen, von seiner Stimmungslage abhängig. Darauf weist die bekannte Redensart, die uns davor warnt, die Worte des anderen «auf die Goldwaage zu legen».

6,6. Das Verhältnis der Menschen untereinander ist außerdem weitgehend bestimmt durch ein Gefühl der Über- und Unterlegenheit, natürlich in sehr verschiedenen Abstufungen. Das Gefühl und die Geste der Überlegenheit spielt im täglichen Verkehr und im persönlichen Verhalten eine entscheidende Rolle. Das Rechthaben-, das Mehrwissen-, Mehrkönnen-, Mehrgeltenwollen bestimmt oft in den kleinsten, lächerlichsten Äußerungen die Formen des Zusammenseins, und das Überlegenheitsgefühl, wenn es sich noch dazu durch Emotionen steigert, ruft im Partner ein Gefühl der Minderwertigkeit hervor, sofern es ihm nicht gelingt, sich zur Wehr zu setzen und sich sein natürliches Selbstwertgefühl zu bewahren. Dieses das Verhältnis von Mensch zu Mensch weithin beherrschende und oft vergiftende Gefälle hat ein Schüler von Sigmund Freud, Alfred Adler, zum Ausgangspunkt seiner «Individualpsychologie» und einer entsprechenden Psychotherapie gemacht (vgl. 4,12f).

Dieses Streben nach Überlegenheit hat wohl mit Sicherheit seine Wurzel in der vormenschlichen Vergangenheit, und wohl niemand wird sagen können, er sei völlig frei davon.

Wem dieses ehrliche Eingeständnis gelungen ist, wird weniger leicht der Gefahr erliegen, bei Unterhaltungen, Auseinandersetzungen, Diskussionen unter allen Umständen recht behalten zu wollen und es als eine Niederlage zu empfinden, nachgeben und die eigene Meinung korrigieren zu müssen (1,18). Die Sprache deutet sehr drastisch auf diese Emotionen hin, indem sie von «Urteilen» spricht, so als ob es sich darum handelte, die Meinung des Gesprächspartners oder des «Gegners» zu verurteilen; sie spricht von «Behauptungen», als ob man sich dem anderen gegenüber «behaupten» müsse. Und das Wort «Debatte» deutet ja sprachlich auf ein «Schlagen», auf Kampf hin.

In dem Maße jedoch, wie auf beiden Seiten die Einsicht waltet, daß in jedem Falle eines Disputs von vornherein die Voraussetzungen für eine Verständigung verschieden sein *müssen,* daß die beiden Partner nach Art und Umfang ihres Wissens, ihrer Wertmaßstäbe, ihrer Grundüberzeugungen niemals völlig übereinstimmen *können,* würde jedes Gespräch seine Schärfe verlieren und zu einem echten Dialog werden, dessen eigentlicher Sinn darin besteht, die nicht zu vermeidenden einseitigen Meinungen, Anschauungen, Beurteilungen des einzelnen mit denen eines anderen zu vergleichen und in wechselseitigem Bemühen zu einer besseren Einsicht zu kommen (vgl. 1,17). Deshalb sollte man im Dialog die Meinung des anderen bedenken, nicht bekämpfen.

6,7. Nun wäre es völlig falsch, etwa fordern zu wollen, die Menschen sollten in ihrem persönlichen Verkehr sich jeder Auseinandersetzung enthalten und darauf verzichten, eine eigene Meinung zu haben und zu vertreten.

Der Gegensatz ist nun einmal die Voraussetzung dafür, daß überhaupt etwas geschieht, und durch den Gegensatz der Meinungen, der individuellen Standpunkte bekommt das Verhältnis der Menschen zueinander sogar schon die Beziehung des Ich zu einem «Du» Farbe und Lebendigkeit. Vielgestalt ist das Wesen der Welt, und die Menschenwelt ist davon nicht ausgenommen.

So wie in der Natur eine Bewegung dadurch entsteht, daß ein Spannungszustand sich ausgleicht, so können wir auch den persönlichen Verkehr der Menschen untereinander als Ausgleich von Spannungen, Ungleichheiten, Gegensätzen verstehen, der aber ebensowenig wie in der Natur zu einem völligen und endgültigen Stillstand führt. Der Ruf nach «Entspannung», der im Leben des einzelnen wie im politischen Leben eine so große Rolle spielt, macht deutlich, daß für ein Fortbestehen der Spannungen und damit für Bewegung und Leben gesorgt ist; sie dürfen nur nicht «außer Kontrolle geraten».

6,8. Was dem Menschen den Zustand der Entspannung so erstrebenswert macht, ist wohl nichts anderes als ein Gefühl der Ruhe, der Ausgeglichenheit in einer Umgebung, die ihm die Gewißheit dafür bietet, daß er ungestört und ungefährdet nach Wunsch und Willen leben kann. Er will darauf vertrauen können, daß er weder von der Umwelt noch von der Mitwelt eine Beeinträchtigung seiner Lebensbedingungen zu fürchten hat.

Was dieser Zustand im Bereich der Lebewesen bedeutet, mag folgende Überlegung zeigen: Ein Tier in freier Wildbahn muß dauernd «sichern», d.h. vor seinen Feinden auf der Hut sein, kann zu seiner Umgebung kein «Vertrauen» haben. Ein domestiziertes Tier dagegen bewegt sich immer in einer «vertrauten» Umgebung, fühlt sich vor seinen Feinden sicher, weiß vielleicht gar nichts von solchen. Ebenso der Mensch: Je mehr ihm Umwelt und Mitwelt «vertraut» sind, je sicherer er weiß, «wessen er sich von ihr zu versehen hat» (Kant), um so größer kann sein Vertrauen sein. Viele Bedingungen müssen dafür erfüllt sein: Er muß nicht nur dieselbe Sprache sprechen wie der andere, sondern sie auch so gebrauchen wie er, so daß eine Verständigung «ohne viele Worte» möglich ist. Das setzt auch eine weitgehende Übereinstimmung in Grundüberzeugungen, Ansichten, Verhaltensnormen voraus, auf die sich jeder der beiden Partner verlassen kann.

Daß dagegen ein (begründetes oder unbegründetes) Mißtrauen jede Möglichkeit menschlicher Gemeinsamkeit zerstört, macht den existentiellen Wert des Vertrauens noch deutlicher.

Dieser Wert wird uns nur deshalb so selten bewußt, weil uns Umwelt und Mitwelt im täglichen Umgang «vertraut» sind und wir nur selten Veranlassung haben, «mißtrauisch» in unserer Umgebung zu reagieren.

Damit soll nicht schlechthin «blindes Vertrauen» als ideales Verhalten gepriesen werden. Mißtrauen freilich vergiftet das Verhältnis von Ich und Du; aber sowohl der Umwelt wie der Mitwelt gegenüber können wir auf zurückhaltende Vorsicht – je nach der gegebenen Situation in verschiedenen Abstufungen – nicht verzichten.

6,9. Ein anscheinend schwieriges Problem taucht auf, wenn wir uns die Frage stellen, warum eigentlich der Mensch, wenn er mangelhaft oder gar nicht bekleidet ist oder bei gewissen biologischen Verrichtungen oder Vorgängen sich vor anderen Menschen schämt. Ist dieses Schamgefühl in seiner Natur begründet, etwa gar vererbt? Oder ist es irgendwie anders zu erklären?

Zunächst: Der Gedanke, daß sich ein Tier seiner «Nacktheit» schämen könnte, ist absurd. Auch die mit dem Stoffwechsel und der Fortpflanzung zusammenhängenden Vorgänge vollziehen sich beim Tier in voller Öffentlichkeit. Das Schamgefühl kann also wohl beim Menschen nicht zum Erbgut aus seiner vormenschlichen Vergangenheit gehören. Aber auch bei primitiven Menschen, etwa bei den Amazonas-Indianern, ist anscheinend nichts von einem Schamgefühl zu beobachten, wenn sie völlig nackt umherlaufen. Nach Berichten aus Neu-Guinea geht auch der Begattungsakt in voller Öffentlichkeit vor sich; allerdings scheint hier schon eine gewisse Heimlichkeit erstrebt zu werden.

Aus solchen Beobachtungen muß man wohl folgern, daß das Schamgefühl sich ganz allmählich im Menschen entwickelt hat; viele

Berichte aus dem kulturellen Leben der Vergangenheit und der Gegenwart scheinen das zu bestätigen. Damit ist aber noch nicht gesagt, was zu dieser Entwicklung geführt haben könnte. Erinnern wir uns an die Feststellung (2,7), daß der Mensch schlechthin als «Vernunftwesen» bezeichnet wird, so wird deutlich, daß er seine Verwandtschaft mit dem Tier gern «verdrängen» möchte. Vermutlich hat sich also auch das Schamgefühl in dieser Weise entwickelt; denn es bezieht sich ja gerade auf jene Vorgänge, die den Menschen ununterbrochen daran erinnern, daß die Wurzeln seines Daseins in der Tierwelt liegen. Das aber ist «unter seiner Würde»! Man spricht nicht darüber – nicht etwa, weil der Fortpflanzungsvorgang – wie man vermuten könnte – das Heiligste für den Menschen wäre, sondern im Gegenteil: weil er als peinlich empfunden wird, so peinlich, daß man immer dringlicher und hilfloser die Frage stellt, wie, in welchem Alter und in welchen Teilschritten man die Kinder über den wirklichen Vorgang des Zur-Welt-Kommens, über ihre eigene Entstehung «aufklären» soll. Gewiß spielen dann noch religiöse, soziale, hygienische Gründe dabei eine Rolle; diese entspringen aber häufig nur dem Bestreben, die Einsicht in die wirklichen Zusammenhänge zu verschleiern.

Zusammenfassend wird man also wohl sagen müssen, daß das Schamgefühl ein Produkt der Zivilisation ist.

6,10. Wenn es richtig ist, daß man etwas dann am besten versteht, wenn man weiß, wie es entstanden ist, so müssen wir uns jetzt die Frage stellen: wie entsteht, wie entwickelt sich das Verhalten, wie ein Verhältnis des einzelnen zu den anderen? Wir müßten also untersuchen, wie der Mensch vom Augenblick seiner Geburt an in die menschliche Gesellschaft hineinwächst.

Dabei würden wir auf eine ganze Reihe von Problemen stoßen, deren Lösung deshalb so schwierig wäre, weil sich nur sehr schwer – wenn überhaupt – feststellen läßt, welche Wirkungen von Erwachsenen auf ein Kleinkind ausgehen. Deshalb kann die Wissenschaft auf viele Fragen nur mit Vermutungen oder Theorien antworten, die aber keine Sicherheit bieten, weil sie sich oft widersprechen und mit der Zeit ändern. Jeder Mensch wächst ohne sein Zutun in einem bestimmten Kulturkreis auf und wird in seinem Denken, Empfinden und Handeln von den in diesem Lebenskreis geltenden Anschauungen, Umgangsformen und Verhaltensnormen geprägt. Von frühester Jugend an bilden sich durch Gewöhnung, Ermahnungen und Belehrungen bestimmte Gewohnheiten, Einsichten und Überzeugungen, damit sich im Kinde Kräfte entwickeln, die es zur Bewältigung des Lebens braucht. Als Eltern, Verwandte und Lehrer zeigen «die anderen» dem jungen Menschen schon durch ihr Sosein und ihr Beispiel, aber mehr noch und intensiver durch das, was man Erziehung nennt, wie man leben, denken und handeln soll.

Hier stellt sich nun unsere Frage: «Was sind die anderen für mich?» mit besonderer Dringlichkeit. Gewiß ist der Mensch bereits bei seiner Geburt in seinen Anlagen und Fähigkeiten geprägt; aber wie, in welchem Maße und in welcher Richtung sie im Laufe seiner Jugendzeit entwickelt werden oder ob sie verkümmern, das hängt von den Einwirkungen ab, die von außen, von Umwelt und Mitwelt, also von «den anderen», ausgehen.

So einfach diese Überlegungen klingen, so zahlreich sind die neuen Fragen und Probleme, die sich bei näherem Zusehen stellen. Denn bei dem Vorgang des Heranwachsens eines Menschen handelt es sich ja um etwas anderes als um die Verfertigung eines Gegenstandes in einer Fabrik oder einem Laboratorium, wo jeder Arbeitsgang auf Grund langer Erfahrung berechenbar ist, minuziös vorgeplant wird und zu einem zuverlässigen Ergebnis führt. Nicht jeder, dem ein Kind anvertraut ist, wird sich dessen bewußt, daß seine Aufgabe letzten Endes darin besteht, sich selber überflüssig zu machen, und das in wohl abgewogenen Schritten. Mit anderen Worten: der Erwachsene muß eigentlich in jedem Augenblick von neuem abwägen – oder vielmehr im Gefühl haben –, wieweit er auf das Denken, Fühlen und Wollen des jungen Menschen seinen Einfluß geltend machen und wieweit er ihm Freiheit lassen muß. Denn das soll ja das Ziel der Erziehung sein, daß der Mensch fähig wird, in freier Selbstbestimmung sein Leben zu gestalten. Da nun aber beide, der Erzieher und der junge Mensch – wie wir wissen –, individuelle Persönlichkeiten mit geprägter Eigenart sind, lassen sich überhaupt keine Rezepte geben, die in allen Fällen in gleicher Weise angewandt werden könnten.

Das bedeutet, daß das, was man Erziehungswissenschaft nennt, höchstens allgemeine Gesichtspunkte liefern kann. Dem Erzieher bleibt im einzelnen Fall die persönliche Entscheidung (und damit die Verantwortung) nicht erspart, wieweit er den jungen Menschen leiten und lenken oder in freier Entscheidung gewähren lassen will.

Dann aber ist Erziehung eher eine *Kunst,* vielleicht die schwerste – und darum die schönste; denn ihre Aufgabe ist nichts anderes als die Verwirklichung und volle Entfaltung eines Menschenwesens.

Was bedeutet das nun aber für unser Grundverständnis von «Erziehung»? Vielleicht führt uns dieser Begriff überhaupt in die Irre? Denn er besagt doch eigentlich, daß der eine, der Erzieher, den anderen, den Jugendlichen «ziehen» soll, und zwar bis zu einem bestimmten Ziel. (Das besagt nämlich die Vorsilbe Er-.) Aber es ist ja eben die Frage, ob es ein solches Ziel gibt, das so allgemein gültig wäre, daß sich der Erzieher an ihm orientieren kann, wenn er den Heranwachsenden dorthin «ziehen» soll, damit er ein «ganzer Mensch» wird.

Das englische (und französische) Wort «education» (éducation) bezeichnet diese Situation viel besser, indem es die Vorstellung erweckt, daß der heranwachsende Mensch gewissermaßen aus einem Zustand der Unfertigkeit «herausgeführt» wird – ins Offene und nicht zu einem vorgefaßten Ziel. So bleibt seine «geprägte Form, die lebend sich entwickelt» (Goethe), erhalten.

6,11. Gewiß kann eine derart gesteuerte Erziehung allein nicht Charakter und Verhaltensweisen des Kindes entscheidend prägen. Was ein Kind unbewußt oder bewußt erlebt, wie es täglich und stündlich auf Reize, Beanspruchungen und Herausforderungen reagiert, das alles bildet sein Wesen, seine Reaktionsweise viel nachhaltiger schon deshalb, weil diese Wirkungen sich im Unbewußten vollziehen. Im Normalfall ist das Familienleben der entscheidende Erziehungsfaktor. Aber hierbei den Eltern allgemeine Anweisungen zu geben, ist schwer, weil in der Familie *Individuen* zusammenleben, zwischen denen ständig Einflüsse hin- und hergehen, deren Wirkungen nur sehr schwer in Regeln gefaßt werden können. Es kommt hinzu, daß Eltern oft in bester Absicht nach festgelegten Erziehungsgrundsätzen handeln, dabei aber nicht ermessen können, ob die Kinder so geartet sind, daß ihnen gerade diese Grundsätze zum Besten dienen. Viele Konflikte erwachsen auch daraus, daß Liebe und Zuneigung der Eltern nicht immer in gleicher Weise allen Kindern zuteil werden! Wie oft ferner werden begabte Geschwister einem vielleicht nur anders veranlagten Kind vorgezogen, ohne daß die Eltern merken, wie das benachteiligte Kind darunter leidet!

Besonders häufig ist der Fall, daß bei der Ankunft des zweiten Kindes das erste plötzlich erleben muß, daß sich die Liebe der Mutter, die es bisher genoß, nun in erhöhtem Maße dem Neuankömmling zuwendet, während es selber in den Schatten tritt. Noch schlimmer ist es, wenn sich daraus ein mehr oder weniger bewußtes Gefühl des Zurückgesetztseins entwickelt, das eine Belastung für das ganze Leben sein kann.

Wie tiefgehend ein solcher Minderwertigkeitskomplex den Menschen verändert, haben wir bereits (4,12 f.) behandelt.

6,12. Wir sagten, der junge Mensch werde im Normalfall am Ende seiner «Reifezeit» «ins Offene» entlassen. Für ihn bedeutet das: frei werden von der Bevormundung seiner Erzieher, bedeutet die Freiheit, nach der er sich so oft gesehnt hat. Aber er erkennt bald, daß nun neue Bindungen offenbar werden, gegen die er früher abgeschirmt war, und die Freiheit ihm bisher unbekannte Verantwortungen auferlegt, die sich schon bei kleinen Entscheidungen des täglichen Lebens melden. Er muß erkennen, daß die Verhaltensnormen, mit denen ihn die «Erziehung» bekannt gemacht hat und denen er sich als «Kind» bisweilen entziehen konnte, jetzt mit vollem Ernst für ihn gelten.

«Sittliche Reife» besagt damit zweierlei: daß jemand die Regeln und Grundsätze, die die Verhaltensnormen begründen, nicht nur kennt, sondern auch anerkennt; und zweitens, daß in ihm eine Grundhaltung entwickelt ist, die es ihm möglich macht, diejenige Entscheidung zu treffen, die er verantworten kann, die er nachher nicht bedauern oder bereuen muß.

Solchen Normen, denen er seine Anerkennung versagen muß, wird der «sittlich reife» Mensch sich nicht einfach unterwerfen, sondern mit begründeter Kritik entgegentreten.

Gewiß folgt im einzelnen wenig aus diesen Grundeinsichten, aber es ist ja gerade die Aufgabe des «freien» Menschen, zu entscheiden, wann, wo, unter welchen Bedingungen etwas als «gut» oder als «böse» zu gelten hat – wenn wir diesen Gegensatz der Einfachheit halber (vgl. 0.7) hier verwenden wollen.

6,13. Hier wird man mit Recht einwenden: In den meisten Situationen, in denen sich der Mensch zu entscheiden hat, bleibt ihm ja gar keine Zeit, nach einem «sittlichen Prinzip» zu fragen und auf Grund von Vernunftgründen abzuwägen, wie er sich entscheiden soll. Er braucht andere Kräfte, die in einem solchen Augenblick sein Denken leiten, seinen Willen bestimmen und die richtige Handlung ohne Verzug auslösen. Das bedeutet, daß in ihm eine geistig-seelische Gesamthaltung vorhanden sein muß, die sofort und unmittelbar, ohne jede weitere Überlegung wirksam wird und zur sicheren Entscheidung führt. Eine solche Gesamthaltung kann man wohl «Gesinnung» nennen.

Nun, was unter Gesinnung zu verstehen ist, und welchen entscheidenden Einfluß sie auf die Sinngebung und Gestaltung des Lebens hat, haben wir bereits (4,18) eingehend besprochen. Nun können wir hinzufügen, daß man an der Gesinnung am ehesten die «sittliche Reife» eines Menschen erkennen kann.

Aber damit ist noch nicht viel gewonnen für die Einsicht, wie wir uns zu den anderen verhalten sollen; denn «Gesinnung» ist ein neutraler Begriff; es gibt ja auch eine verbrecherische Gesinnung bei einem Menschen, der «gewillt ist, ein Bösewicht zu werden.»

6,14. Wir stehen damit vor einer schweren Aufgabe: Wie sollte eine Gesinnung beschaffen sein, die jedem Menschen in jeder möglichen Situation sagt, wie er sich verhalten, wie er sich entscheiden, wie er handeln soll? Wenn die Philosophie sich ganz allgemein die Aufgabe stellt, immer nach den letzten Gründen zu fragen, so müßte es ja auch möglich sein, menschliche Entscheidungen in ihrem Wert oder Unwert von einem solchen letzten Grund aus zu beurteilen.

In aller Kürze wollen wir darlegen, wie Immanuel Kant in dieser schwierigen Frage gedacht hat. Dem Menschen kommt als einem Vernunftwesen eine besondee Würde zu. Diese verpflichtet ihn, so zu handeln, daß er alle seine Entscheidungen vor sich selber verantworten kann, und alles zu vermeiden, was seiner selbst un-würdig wäre. Aber die Würde, die auch der andere Mensch hat, verpflichtet mich, diesem Vernunftwesen mit Achtung zu begegnen. Wenn ich bereit bin, diese Verpflichtung zu übernehmen und zu bejahen, dann ist meine Gesinnung von dem Willen bestimmt, mein Verhältnis zum anderen auf dem Gefühl der Achtung zu gründen.

Dem hat Kant in zwei berühmten Sätzen Ausdruck gegeben: «Ein jeder Mensch hat rechtmäßigen Anspruch auf Achtung von seinem Nebenmenschen, und wechselseitig ist er dazu auch gegen jeden anderen verbunden.» «Es ist überall nichts in der Welt,... was ohne Einschränkung für gut könnte gehalten werden, als allein ein guter Wille.»

Aber diese innere Verfassung einer Gesinnung kann für Kant noch nicht das letzte, allgemeinste Prinzip des sittlichen Handelns sein; denn Würde und Achtung sind noch zu stark an das individuelle menschliche Gefühlsleben gebunden. Die Erhabenheit des Sittengesetzes verlangt einen Gesetzgeber, dessen Spruch unbedingt gilt und allgemeine Anerkennung verlangt. Das kann nur die Vernunft sein, jene höchste Kraft des menschlichen Geistes, die frei von den

Fesseln des Trieblebens zu unbedingten Einsichten und Forderungen gelangen kann.

Dieses durch die Vernunft gegebene Sittengesetz nennt Kant den kategorischen Imperativ, der – in vereinfachter Form – etwa besagt: Handle jederzeit so, wie nach deiner Überzeugung jeder Mensch handeln sollte.

6,15. Aber unser Verhältnis zum anderen wird nicht erst dann zum Problem, wenn wir ihm in Situationen begegnen, die unsere Entscheidung verlangen. Wir leben ja täglich und stündlich mit ihm zusammen und können und wollen dabei keinen kategorischen Imperativ zu Hilfe rufen, vielmehr unserer Gesinnung eine Richtung geben, die ein unvermitteltes Verhältnis zum anderen herstellt.

Wir erinnern uns an die Darlegung (6,3), daß wir uns in unserem Personsein durch den anderen bestätigt finden, ja daß überhaupt unser Menschsein ohne das ständige Bezogensein auf den anderen unmöglich wäre.

Können wir aus dieser Erkenntnis eine Einsicht ableiten, was wir tun sollten, um diese wesenhafte Verbundenheit zu der Wirkung zu bringen, auf die hin sie offenbar angelegt ist?

Eine Antwort auf diese Frage scheint deshalb besonders dringend zu sein, weil sich in der technisierten Welt unserer «fortgeschrittenen» Industriegesellschaft das unmittelbare Verhältnis von Mensch zu Mensch offenbar abschwächt und in zunehmendem Maße durch unpersönliche Organisationsformen ersetzt wird.

Ebenso wie das Leben des riesigen Organismus, den der menschliche Körper darstellt, davon bestimmt wird, daß die Zellen, seine kleinsten Einheiten, in ihrem organisierten Zusammenwirken – jede an ihrem Platz und mit spezieller Funktion – das Leben des ganzen Organismus erst möglich machen, so ist auch das Gedeihen der menschlichen Gesellschaft von einem persönlichen Zusammenwirken der Menschen abhängig. Aber es scheint, daß der Wert dieser zwischenmenschlichen Beziehungen wenig geachtet ist in einer Zeit, die gewohnt ist, in großen Zusammenhängen mit entsprechender Machtentfaltung zu denken; und da die persönlichen Beziehungen der Menschen sich ja auch in der Stille vollziehen – vergleichbar dem Leben der Körperzellen –, sind sie in ihren Wirkungen nicht spektakulär genug, um mit ihnen Propaganda zu machen und die öffentliche Meinung zu steuern.

Da, wo der einzelne an den anderen denkt, für ihn da ist, selber auf Hilfe oder Abhilfe sinnt, indem er sich in seine Lage versetzt, bildet sich jenes unmittelbare mitmenschliche Verhältnis, das durch keine «Sozialhilfe» ersetzt werden kann. Die Umgangssprache sagt in schöner Steigerung, daß man auf den anderen «eingehen», sich für ihn «einsetzen», für ihn «einstehen» oder gar «einspringen» kann. Doch damit soll die Bedeutung der öffentlichen Wohlfahrtsverbände in keiner Weise geleugnet werden.

6,16. Bisher haben wir vorwiegend danach gefragt, was der Mensch einem einzelnen anderen verdankt. Aber wir fragten genau genommen danach: «Was sind die anderen für mich?»

Wir wenden uns deshalb jetzt den Problemen zu, die sich aus unserem Verhältnis zu *den anderen* ergeben. Jetzt ist unser Partner nicht mehr der einzelne lebendige Mensch; er verbirgt sich gewissermaßen in einer Gruppe; der andere wird für mich jetzt «anonym» (d.h. «ohne Namen»). Uns verbinden jetzt andere Beziehungen als in einem Ich-Du-Verhältnis: die gleichen Sorgen und Interessen als Mit-Glieder unserer Gruppe, unseres Berufes und Verbandes, unserer Firma, der Partei, des Staates.

Während also das Verhältnis zu dem einzelnen anderen ein unmittelbares ist, müssen wir die Verbindung zu *den* anderen als vermittelt ansehen, d.h. es schieben sich zwischen mich und die anderen vermittelnde Institutionen, Organisationen, die Verwaltung mit ihren Bestimmungen, das geltende Recht, der Staat.

Damit gewinnt unser Satz, daß der andere für unser Personsein einen konstitutiven Sinn hat (6,3), eine andere, aber noch größere Bedeutung; das wird schon dadurch deutlich, daß die Zustimmung und Bestätigung, die ich in der Öffentlichkeit erfahre (mancher würde hinzufügen: das Ansehen, das ich in der Öffentlichkeit genieße), für mein natürliches Selbstwertgefühl von weitaus größerer, wenn auch andersartiger Bedeutung ist als in einem Ich-Du-Verhältnis. In der Gesamtheit dieser Beziehungen, die nach Art und Umfang gar nicht zu überschauen sind, sind die anderen das, was wir «die Gesellschaft» nennen, womit weder ‹eine› bestimmte Gesellschaft, d.h. der Zusammenschluß von Personen auf Grund gemeinsamer Interessen, noch die so verbundenen Individuen selber gemeint sind. In dieser allgemeinsten Bedeutung meint der Begriff «Gesellschaft» zunächst einfach das Zusammenleben der Menschen in irgendeiner Form, wobei der Zusammenhalt bald enger, bald lockerer sein kann. Wenn man von «menschlicher Gesellschaft» spricht, will man nur zum Ausdruck bringen, daß im Grunde alle Menschen in Gruppierungen leben, deren Mitglieder aufeinander angewiesen sind und insofern ein Ganzes bilden. Das besagt etwa das griechische Wort: Der Mensch ist ein geselliges Wesen.

6,17. Was treibt die Menschen, sich «einander zu gesellen», sich in Gruppen zusammenzuschließen? Das läßt sich nicht mit einem Wort sagen. Sicherlich haben wir es hier mit einem Erbgut aus der vormenschlichen Zeit zu tun; denn auch bei vielen Tierarten können wir oft ganz eigenartige Formen von Gruppenbildung beobachten. Bei ihnen spielen etwa die Verteidigung von Futterplätzen oder die gemeinsame Abwehr von Angriffen eine besondere Rolle. Beim Menschen kommt es bei der unendlichen Differenzierung der Interessen, der Wertideen, der wirtschaftlichen und kulturellen Aufgaben zu einer Unzahl von Gruppierungen, deren Sinn es ist, die betreffenden Aufgaben durch Zusammenschluß mehrerer oder vieler besser zu lösen, aber auch einen Gegner erfolgreich abzuwehren, gegnerische Anschauungen und Aktionen zu bekämpfen.

Die mit der menschlichen Vergesellschaftung zusammenhängenden Probleme im einzelnen zu untersuchen und darzustellen ist Aufgabe einer besonderen Wissenschaft, der Soziologie.

6,18. An dieser Stelle müssen wir uns wieder einmal darauf besinnen, wie gefährlich es ist, sich ohne Kritik auf die Bedeutung eines Begriffes der Fachsprache zu verlassen in der Meinung, daß jeder unter diesem Wort das gleiche verstehen müsse (vgl. 1,18). Wir haben auch schon davon gesprochen, daß der einzelne Begriff nur aus dem Zusammenhang sicher gedeutet werden kann, in dem er gebraucht ist. Je allgemeiner, je umfassender ein Begriff ist, um so schwieriger ist es, sich über einen einheitlichen Gebrauch dieses «Terminus» zu verständigen. Selbst wenn jedem Wortgebrauch eine Deutung, eine «Definition» vorausgeschickt wird, lassen sich Mißverständnisse nicht ganz vermeiden.

Das macht sich besonders in der Soziologie bemerkbar; denn die Beziehungen, die das Zusammenleben der Menschen gestalten, sind in ihrer Vielfalt immer nur annähernd vergleichbar und deshalb kaum eindeutig mit den im Sprachgebrauch zur Verfügung stehenden Begriffen zu erfassen.

Für unsere weiteren Überlegungen über das Verhältnis des einzelnen zu den anderen wollen wir für eine Gruppe von grundlegenden

Begriffen bestimmte Bedeutungen festlegen, müssen aber zugeben, daß dieser Wortgebrauch in der Fachsprache der Soziologie durchaus nicht einheitlich ist. Es handelt sich um die Begriffe Masse, Gesellschaft, Gemeinschaft, Gemeinde. Eine Masse bildet sich z. B. bei einer Sensation, d. h. bei einem aufregenden Ereignis, etwa einer Feuersbrunst oder einem Verkehrsunfall, aber auch z. B. auf einem Festplatz immer nur für eine bestimmte Zeit. Fehlt ein solcher Anlaß, der eine Masse zusammenführen kann, wird man eher von einer «Menge» sprechen. (Daß das Wort Masse aber noch in anderer Bedeutung gebraucht wird, werden wir später behandeln.) Von «Gesellschaft» sprechen wir außer bei dem abstrakten Begriff «menschliche Gesellschaft» (6,16), wenn sich Menschen zu einem bestimmten Zweck oder auf Grund eines bestimmten Interesses zusammenfinden. Was eine «Gemeinschaft» verbindet, ist die Gesinnung ihrer Glieder (vgl. 4,18), während eine religiöse oder weltanschauliche «Gemeinde» sich auf Grund eines gemeinsamen Glaubens zusammenfindet.

Diese Begriffsreihe zeigt, daß das Verhältnis des einzelnen zu den anderen von ganz verschiedener Art und Stärke sein kann. Wir müssen uns aber davor hüten, dieses Verhältnis etwa als einen absoluten Gegensatz anzusehen; der einzelne und «die Gesellschaft» sind – wie es in der Sprache der Philosophie heißt – immer schon «aufeinander bezogen», «einander zugeordnet» und haben ihren Sinn nur zusammen mit ihrem «Gegenüber» (ebenso wie man von einem ‹Vater› nur sprechen kann, wenn wenigstens ein ‹Kind› da ist, von einem ‹Herrn›, nur, wo es einen ‹Knecht› gibt).

6,19. Ebenso wie jedes Individuum eigen-artig geprägt ist, kann man auch bei den verschiedenen Gruppierungen der Menschen von einem ‹charakteristischen› Verhalten sprechen, gleich als ob auch diese einen unverwechselbaren ‹Charakter› hätten. Es ist uns ganz geläufig, daß ein Angehöriger etwa des Adels anders empfindet als ein ‹Bürger›, dieser wieder anders als ein überzeugter ‹Sozialist›, daß ein Unternehmer anders denkt als ein Arbeiter, der Beamte anders als ein Kaufmann. Dazu kommen die verschiedenen, oft gegensätzlichen Anschauungen und Reaktionsweisen innerhalb einer Volksgemeinschaft und in der großen Politik, die ihrerseits bestimmt wird durch die weltweiten Unterschiede der kulturellen Sitten und wirtschaftlichen Interessen.

Jeder Mensch steht an einer bestimmten Stelle dieses Kräftespiels, dieser im voraus geprägten Umwelt, die er sich nicht aussuchen kann.

Das ist sein Schicksal. Soweit er die ihn umgebenden Anschauungen, die für ihn geltenden Regeln und Verhaltensnormen nicht mit anderen vergleichen kann, ist es ihm unmöglich, kritisch zu ihnen Stellung zu nehmen, sie in Frage zu stellen und sich schließlich ihrem Einfluß zu entziehen. Das geschieht – wenn überhaupt – erst dann und in dem Maße, wie er erfährt, daß die ihn umgebende Kultur ein Einzelfall ist, also keine absolute, sondern nur eine relative Gültigkeit beanspruchen kann. Das bedeutet dann aber nicht, daß er sich völlig aus diesen schicksalhaften Kultureinflüssen heraushalten kann; er bleibt in vielen Lebensbereichen in den Grundformen des Denkens, des Reagierens und des Urteilens verhaftet.

Wenn der Philosophierende aber auch hier wieder das Ganze bedenkt, wird er davor bewahrt bleiben, die Überzeugungen, die Sitten und Verhaltensnormen anderer Kulturkreise zu verachten oder sich über sie erhaben zu dünken; im Gegenteil: Neue Seiten des Menschseins werden sich ihm zeigen, er wird seine Kenntnis von Welt und Mensch erweitern und davor bewahrt bleiben, in seiner Person den vollkommenen Typus Mensch zu sehen.

Andrerseits ist eine große Zahl von Menschen geneigt, die Welt so, wie sie ist, anzuerkennen, weil sie sich dadurch geschützt und geborgen fühlen und ihnen dann die Last des kritischen Nachdenkens und entsprechenden Verhaltens erspart bleibt.

6,20. Wenn nun die Gesellschaft glaubt, daß eine nicht zu geringe Anzahl ihrer Mitglieder fähig sein müsse, eine begründete Einsicht in die Wirkungsweise dieser Umweltfaktoren zu gewinnen, die Relativität ihrer Gültigkeit einzusehen, sie – wenn nötig – zu verändern, so muß sie die Möglichkeit hierzu in einem System schaffen, das zunächst der Aufklärung über diese Wirkungszusammenhänge dient; mit andern Worten: Die Gesellschaft handelt in ihrem eigenen Interesse, wenn sie dafür sorgt, daß der heranwachsenden Jugend jene Bildung vermittelt wird, die sie in den Stand setzt, kritisch über sich selbst, über ihre Stellung in der Welt und in der Gesellschaft nachzudenken, und gleichzeitig die Bereitschaft entwickelt, nach Kräften an dem Gedeihen des Zusammenlebens mitzuwirken, aber auch Fehler und Fehlentwicklungen zu erkennen und für Besserung der Verhältnisse sich einzusetzen.

So etwa – scheint es – müßte der Sinn aller Bildungseinrichtungen in einem Volk verstanden werden. Dazu würde auch gehören, daß dem jungen Menschen die Einsicht vermittelt wird, wie es zu dieser

Gesellschaftsform und Gesellschaftsordnung mit ihren Wertmaßstäben gekommen ist, und wie in anderen Kulturen das Zusammenleben der Menschen ganz andere Formen angenommen hat, nach ganz anderen Gesetzen verläuft.

Bildung wäre demnach die Vermittlung von Einsichten in die komplizierten Beziehungen der menschlichen Gesellschaft. Erziehung wäre dann der Versuch oder das Bestreben, im jungen Menschen die Bereitschaft zu erzeugen und zu stärken, zu seinem Teil an der ihn tragenden Gesellschaft erhaltend und fördernd mitzuwirken. Die wissenschaftliche Forschung hätte in diesem Bereich die Aufgabe, eine immer genauere Kenntnis der Faktoren zu gewinnen, die die heutigen Verhältnisse geschaffen haben, und zu zeigen, welche Anschauungen, Gesinnungen und Entscheidungen den Gang der Dinge bis zu dem jetzigen Zustand bestimmt haben.

Wenn in heutigen Diskussionen über die Theorie von Bildung diesem gesellschaftsbezogenen Bildungsbegriff der Vorrang gegeben wird, so muß man wohl in diesem Sinne der Meinung zustimmen, daß der letzte Sinn von Bildung das Gedeihen des menschlichen Zusammenlebens ist. Dann sind alle anderen Bildungsziele von diesem als abgeleitete zu betrachten.

Man könnte dieser Bildungsauffassung den Vorwurf machen, sie mißachte die menschliche Persönlichkeit, das Individuum. Das ist nur scheinbar der Fall; denn dadurch, daß dieser enge Zusammenhang des einzelnen mit der Gesellschaft und ihrem Gedeihen den Leitgedanken bildet, wird sowohl eine direkte Forderung an das Individuum gestellt, sich zu seiner höchstmöglichen Form zu entwickeln; andrerseits hängt ja von einem glückhaften Zustand der Gesellschaft sein eigenes Glück ab. Hier wird aufs neue deutlich, wie der einzelne und die Gesellschaft «aufeinander bezogen» sind.

6,21. In unserer Gesellschaftsordnung, so sagten wir, wird irgendwann dem jungen Menschen bestätigt, daß der Bildungsprozeß für ihn «abgeschlossen» ist. Es wird ihm bescheinigt, daß er «die Reife» erreicht oder eine Lehre mit Erfolg durchgemacht hat.

Was bedeutet das in unserem Zusammenhang? Sicher nicht, er sei von nun an «mündig» in dem Sinne, daß er nun völlig frei von allen fremden Einflüssen und fähig sei, in jeder Situation nach sicherem Urteil verantwortlich zu handeln. Bildungstheorien, die diesen Anspruch erheben, diese Hoffnungen erwecken, übersehen, wie sehr jeder Mensch vorweg von seiner Umwelt, von seiner Kultur geprägt ist und weiterhin im Leben unter dem Einfluß der öffentlichen Meinung steht, der er sich nicht völlig entziehen kann. Soll er nun diesem Einfluß nachgeben, ihm die Grundsätze für sein Handeln entnehmen, d.h. soll er sich «anpassen» oder soll er «Widerstand leisten»? (Es ist dies eine heute viel diskutierte Alternative, als ob man sich für das eine und gegen das andere entscheiden müßte.) Sicher spielt im Alltag, wie wir bereits (6,19) sagten, die Anpassung eine viel größere Rolle als der Widerstand. Denn schon um mit den Menschen zu verkehren, ein Zusammenleben überhaupt zu ermöglichen, ist vorausgesetzt, daß vieles gemeinsam sein muß: die Sprache, allgemeine Verhaltensnormen, weitgehend auch dieselben Anschauungen und Reaktionsweisen in bestimmten Situationen. Man spricht in diesem Sinne auch von einem kon-formen Verhalten, wenn man den Formen und Normen der Gesellschaft folgt. Insofern ist also die gesellschaftliche Anpassung für jeden Menschen lebenswichtig. Aber sie hat da eine Grenze, wo der einzelne klar einsieht, daß das, was allgemeine Geltung beansprucht, nach seinem kritischen Urteil, nach seiner wohlbegründeten Überzeugung falsch ist, zu gefährlichen oder unwürdigen Zuständen führt, oder sieht, daß das, was geplant wird, für ein beabsichtigtes Ziel ungeeignet ist oder zu unerwünschten oder schädlichen Nebenwirkungen führt. Hier ist es geboten, «Widerstand» zu leisten.

6,22. Was ist das nun aber, was dem Menschen im Einzelfall die Entscheidung so schwer macht? Warum ist es ihm nicht gegeben, einfach durch seine Verstandeskräfte sachlich zu urteilen und richtig zu handeln?

Die Antwort fällt nicht schwer, wenn wir bedenken, daß jeder Mensch inmitten engerer und weiterer Kreise seiner Umwelt lebt, deren Denkweise, deren religiöse, weltanschauliche, politische Überzeugungen und soziales Verhalten ihn in bestimmter Weise geprägt haben.

In früheren Jahrhunderten waren diese Anschauungen und Verhaltensweisen für das Individuum fest gefügt und hatten unwidersprochen Geltung, so wie noch heute bei weit abgelegenen primitiven Volksstämmen die Frage «Anpassung oder Widerstand» gar nicht aufkommen kann, schon deshalb nicht, weil es für sie keine Möglichkeit gibt, ihre Denk- und Lebensweise mit der anderer Stämme zu vergleichen.

In dem Maße aber, wie sich das ändert, wie sich diese Einheit im Zuge der zunehmenden Zivilisation und Bildung in gegensätzliche

Meinungen und Normen aufsplittert, wird der einzelne immer mehr gezwungen, sich zu entscheiden und für eine dieser Auffassungen Partei zu ergreifen.

Dabei kommt es dann dazu, daß die eine oder andere Auffassung daduch an Einfluß gewinnt, daß sie von vielen, vielleicht von einer Mehrheit vertreten wird und dadurch als «herrschende Meinung» sich geltend macht. Wird diese dann auch noch von bedeutenden und einflußreichen Persönlichkeiten in überzeugender Darlegung begründet, dann fällt es jedem Andersdenkenden schwer, sich «herauszuhalten» und bei seiner gegensätzlichen Meinung zu bleiben. Der größte Erfolg der «öffentlichen Meinung» beruht aber darauf, daß «die vielen» keine eigene Meinung haben und deshalb nicht fähig oder nicht bereit sind, sich ein eigenes Urteil zu bilden: sie sind der Propaganda hoffnungslos ausgeliefert.

Andrerseits ist es für einen Einsichtigen außerordentlich schwer, sich gegen die Macht der öffentlichen Meinung durchzusetzen, selbst wenn es ihm gelingt, sich durch die Massenmedien, durch Presse und Rundfunk Gehör zu verschaffen, weil seine Stimme dann in der Fülle des Dargebotenen untergeht. Deshalb versuchen diejenigen, die gegen die herrschende Meinung oder gar gegen den «Zeitgeist» angehen, an bestehenden Verhältnissen Kritik üben und Reformen oder radikale Veränderungen durchsetzen wollen, sich zusammenzuschließen, eine Partei zu gründen, um in einer geschlossenen Mannschaft größeren Eindruck auf die Menge zu machen.

6,23. Die philosophische Sprache hat für diese Einflußsphäre, von der der einzelne umgeben ist, den Begriff «die Welt des Man» geprägt. In der Tat faßt dieser Begriff alles zusammen, was dem einzelnen als allgemeiner Geltungsanspruch für sein Denken und für sein Handeln entgegentritt: «Man muß doch...», «man sollte...», «man darf doch nicht...» Wir stehen täglich und stündlich unter dem Diktat des «Man». Es gehört großer Mut dazu, sich gegen die herrschende Mode zu kleiden. Zwar gibt es da Unterschiede; aber «mit der Mode zu gehen», erscheint uns so selbstverständlich, daß wir gar nicht merken, wie wir von ihrem Diktat beherrscht werden (4,17).

Aber wir sollten uns hüten, diesen Begriff «Welt des Man» nur in negativem und abwertendem Sinne zu verstehen und zu verwenden. Wenn wir bedenken, wie sehr der Mensch auf die Gemeinschaft angewiesen ist, so müssen wir ihm zugestehen, daß er das, was dort gilt, auch als für sich gültig anerkennt und übernimmt. Das gilt vor allem für das augenfälligste Bindemittel zwischen Individuum und Gemeinschaft, die Sprache. Ihr Regelwerk für den mündlichen und schriftlichen Gebrauch muß sich jedes Kind in jahrelanger Mühe aneignen, und jede kleinste Abweichung im Sprachgebrauch (und Fehler in der Rechtschreibung!) ist für jedes Mitglied dieser Sprachgemeinschaft peinlich. Auch wenn man in einem fremden Lande noch so lange gelebt und versucht hat, sich die Landessprache anzueignen, wird man doch immer als «Fremder» erkannt und entsprechend eingeschätzt.

Schwer zu erklären ist jener Wandel der öffentlichen Meinung, der in einer Art von Wellenbewegung verläuft, wie es besonders bei der Mode zu beobachten ist. Aber auch sonst wechseln geltende Auffassungen und Normen, gesellschaftliche Gewohnheiten und schlagen oft sogar in ihr Gegenteil um. Vielleicht liegt das daran, daß der «Reiz der Neuheit», der das Aufkommen einer neuen Mode, einer Geschmacksrichtung oder einer Urteilsweise herbeiführt, nach einer gewissen Zeit sich abschwächt, und so eben das Neue die überlebten Formen ablöst. So ist z.B. in unserer Zeit zu beobachten, daß ein neues Interesse für Geschichte und Tradition erwacht, und man deutet das so, daß sich die Menschen durch die Einförmigkeit des durchtechnisierten und durchorganisierten Lebens gelangweilt fühlen und im Erleben des Vergangenen eine Art von Halt, von Geborgenheit suchen. Von derartigen Wellenbewegungen der Zeitströmungen kann der einzelne kaum unbewegt bleiben.

Nicht unwesentlich ist der Einfluß, den die öffentliche Meinung durch überlieferte Redewendungen oder durch Sprichwörter ausübt. Selbst wenn so althergebrachtes Sprachgut sich längst als falsch oder überholt erwiesen hat, sitzen die alten Überzeugungen wie ein Aberglaube in vielen Menschen fest und können durch keine Kritik, durch keinen Gegenbeweis erschüttert werden. Das hängt auch damit zusammen, daß die öffentliche Meinung nicht nur auf unsere Denkweise und unsere Überzeugungen wirkt, sondern oft viel nachhaltiger gefühlsmäßige Reaktionen hervorruft. Davon macht vor allem die Werbung Gebrauch, indem sie beim Kunden die Vorfreude, den angepriesenen Gegenstand zu besitzen, erregt, so daß sachliche, kritische Überlegungen kaum noch aufkommen können.

Welche Tiefenwirkungen diese von außen kommenden Kräfte auf den einzelnen haben können, wird bei solchen Gelegenheiten deutlich, wo Menschen durch eine neue Idee, durch ein Schlagwort, durch eine aufpeitschende Devise in eine Art von Rausch, von Taumel versetzt, in eine Begeisterung mitgerissen werden, die sich bald in einer Massenkundgebung, bald als Festesfreude oder als religiöses Erlebnis äußert, aber auch für politische Verhetzung mißbraucht werden kann. Wird eine solche Wirkung planmäßig von einzelnen oder Gruppen vorbereitet und durch Propaganda ausgelöst, so spricht man von Manipulation, d.h. man steuert die öffentliche Meinung systematisch dahin, daß bei dem einzelnen das klare Denken ausgeschaltet wird und er nur noch mit seinem Gefühl in der beabsichtigten Weise reagiert. Als verwerflich muß jede derartige Manipulation verurteilt werden, weil sie den Menschen seiner geistigen Freiheit, d.h. seines eigentlichen Menschseins, für kürzere oder längere Zeit beraubt und seine Würde, die nach dem Grundgesetz unantastbar ist, verletzt.

6,24. Hier liegt der Einwand nahe, daß es doch jedem unbenommen sei, sich aus der Übermacht der Manipulation herauszuhalten und nicht jeder Werbung zum Opfer zu fallen. Für den einzelnen ist das zweifellos richtig, so daß man sich geradezu fragen müßte: Woher nimmt die Werbung die Gewißheit, daß ihre mit ungeheuren Mitteln und persönlichem Arbeitseinsatz betriebenen Anstrengungen auch wirklich Erfolg haben? Die Antwort liegt auf der Hand: Der einzelne ist eben in Wirklichkeit nicht «ein Einzelner», der sich nach Belieben aller öffentlichen Meinung und Lenkung gegenüber kritisch verhalten und sich jeder Manipulation entziehen kann.

Hier stellt sich also erneut das philosophische Problem der Freiheit. Wir haben vorher (4,24ff. und 6,11ff.) davon gesprochen, daß der Mensch im Laufe seiner Entwicklung vom Kindesalter bis zur persönlichen Reife unter dem Einfluß seiner Mitwelt, insbesondere der Eltern, der Lehrer und der öffentlichen Meinung, die Grundsätze für sein Handeln und eine bestimmte Grundhaltung dem Leben gegenüber erworben hat, um fähig zu werden, in freier Entscheidung die Situationen zu meistern, vor die das Leben ihn stellen wird. Jetzt sehen wir uns gezwungen, sozusagen als die Kehrseite dieser positiven Bindung ein «Verfallensein» des einzelnen an die Mächte seiner Mitwelt, also einen Verlust, zumindest eine Beschränkung der persönlichen Freiheit einzugestehen.

Was bedeutet dann aber überhaupt «Freiheit»? Freiheit ist eine Idee, ein Idealzustand in dem Sinne, daß Freiheit als solche, absolut gesetzt, nur gedacht werden kann, nicht wirklich existiert. Man kann also über Freiheit an sich keine reale Aussage machen; erst dann, wenn dieser Begriff auf reale Verhältnisse angewandt wird, ergibt sich ein Sinn, eine mögliche Aussage. Das könnte beginnen mit der Frage:

Freiheit wovon? Hier ergeben sich für die Situation des Menschen drei mögliche Aussagen:

a) Der Mensch möchte frei sein von den Fesseln der Naturgesetze, die seine Bewegungs- und Handlungsfreiheit begrenzen. Die Technik versucht, durch geeignete Verbindung der Naturkräfte den einengenden Zwang der Naturgesetze zu lockern.

b) Der Mensch möchte frei sein von den Ängsten, die ihm im Leben drohen, die Angst vor Hunger, Krankheit, vor Unglücksfällen und Schicksalsschlägen.

c) Im Zusammenleben mit den anderen möchte er frei sein von Zwängen aller Art, von übermächtiger Autorität, von fremden Machtansprüchen und Vorrechten, von vielen Vorschriften und Verboten, die seine Bewegungs- und Handlungsfreiheit einengen; d.h. er möchte unabhängig sein. Aber auch das Gegenteil ist häufig zu beobachten: daß der einzelne sich davor fürchtet, der Freiheit (und damit erhöhter Verantwortung) ausgesetzt zu sein und lieber unter fremder Führung geborgen lebt.

Mit jener anderen Frage: Freiheit wozu? ist das Problem der Willensfreiheit angesprochen, das bereits (in 4,24ff.) behandelt ist.

6,25. Wenn man sich einmal selbst beobachtet, welche Gedanken, Empfindungen, Wünsche, Befürchtungen in einer bestimmten Situation zu einer Entscheidung geführt haben, dann wird man erkennen, daß es oft außerordentlich schwer ist, mit Bestimmtheit zu sagen, welche von diesen sich gegenseitig durchkreuzenden Gedanken für die betreffende Entscheidung den Ausschlag gegeben haben, so daß es wohl in vielen Fällen unmöglich sein wird, eine Handlung, eine Tat als einwandfrei moralisch oder unmoralisch zu beurteilen.

Aber diese Frage wird sich wohl erst dann in ihrem vollen Ernst stellen, wenn wir eine Entscheidung getroffen haben, die nicht mehr rückgängig zu machen und in ihren Folgen nicht wieder gutzumachen ist. Unter der Last der Verantwortung sitzen wir dann sozusagen über uns selber zu Gericht und versuchen uns darüber klar zu werden, wie es dazu gekommen ist, daß wir uns so und nicht anders entschieden haben. Sobald wir uns sagen können, daß wir «das Beste gewollt» hätten, fühlen wir uns bereits entlastet. Es bleibt aber immer noch der Druck der Verantwortung für die Folgen und damit ein Schuldgefühl.

Noch drückender kann ein Schuldgefühl sein, wenn eine Entscheidung in amtlicher Funktion, «kraft eines Amtes» hat gefällt werden müssen, die einem anderen Schaden bringt, so z. B. wenn ein Gesetz, eine Vorschrift oder Bestimmung hat angewandt werden müssen, obwohl der Richter, der Vorgesetzte, der Lehrer die damit verbundene Härte gern vermieden hätten oder sogar gegen ihre persönliche Überzeugung haben entscheiden müssen. Die schwerste Verantwortung vor sich selber wird aber gewiß mancher Soldat getragen haben, wenn er an der Front sein mitmenschliches Gefühl ersticken und dem «Feinde» möglichst große Verluste beibringen mußte. Freilich fühlte er sich dadurch entlastet, daß er unter dem Zwang des militärischen Gehorsams handelte und nur sein eigenes Leben verteidigte. Er konnte es auch nicht ablehnen, in einer kollektiven Verantwortung zu stehen und eine Kollektivschuld zu übernehmen. Aber keiner dieser Vernunftgründe wird sein persönliches, moralisches Schuldgefühl ganz beseitigt haben.

Es gibt wohl nicht viele Menschen, die sich der Verantwortung bewußt sind, die sie (zusammen mit ihren Zeitgenossen) vor kommenden Generationen, ja für die Zukunft überhaupt tragen. Gewiß kann der einzelne nicht unmittelbar auf das große Geschehen einwirken, in dem sich Heil oder Unheil der Zukunft entscheiden; aber letzten Endes hängt doch viel davon ab, was jeder einzelne tut, und selbst wenn es ihm nicht vergönnt ist, sich in seinen Ideen und Handlungen bestätigt zu sehen, kann er wenigstens das Bewußtsein haben, sich seiner gemeinmenschlichen Verantwortung nicht entzogen zu haben.

Dagegen ist die häufig gebrauchte Redewendung irreführend: «die Geschichte sei ein Werk des Menschen», der Mensch «sei Herr der Geschichte». Damit kann sinnvoll nur die *Gattung* Mensch gemeint sein. Gewiß, der einzelne Mensch hat oft entscheidende Wendungen des Geschichtsverlaufs herbeigeführt; aber auch die berühmten Taten «großer Männer» sind doch immer in einen allgemeinen Gang der Geschichte eingebettet.

6,26. Unsere bisherigen Überlegungen drehten sich um die Frage: Was kann, was soll der einzelne tun, um das Zusammenleben mit den anderen, um das Gemeinwohl zu fördern. Er muß handeln, d. h. sich entscheiden, und um dieses sein Handeln vor sich selber und vor den anderen veranworten zu können, sucht er Anhaltspunkte, Kriterien, Normen und Gesetze, die er befolgen oder mißachten kann.

Aber diese Handlungsfreiheit ist nicht die einzige Form, in der der Mensch tätig werden kann. Sein Gegenüber ist nicht nur die Mitwelt, die menschliche Gesellschaft; viel ursprünglicher, elementarer ist sein

Verhältnis zur Umwelt, zur Natur, von der er selber ein Teil ist. Hier ist ihm nicht mehr die Freiheit gegeben, sein Leben und das der anderen in eigener Verantwortung zu gestalten; hier ist er gezwungen, zunächst für die Erhaltung und Sicherung seines Lebens zu sorgen, d.h. sich Nahrung und Schutz vor den Unbilden der übermächtigen Natur zu verschaffen; er muß arbeiten.

Arbeit im allgemeinsten Sinn ist also jede Tätigkeit, durch die der Mensch auf seine Umwelt in einem bestimmten Sinn einwirkt. Der Widerstand, den er dabei erfährt, verlangt den Einsatz seiner Kräfte, der körperlichen wie der geistigen (vgl. 4,21).

Da aber der Mensch nur ausnahmsweise als einzelner der Natur gegenübersteht, vielmehr schon immer in einem Gruppenverband für seine Lebenserhaltung und Lebenssicherung sorgt, entwickelt sich das, was man Arbeitsteilung nennt. Schon in der kleinsten Gruppe, der Familie, wird sich schon immer das Zusammenwirken der einzelnen Mitglieder nach Alter und Geschlecht differenziert haben. Aber sehr bald hat sich die Arbeitsteilung dahin ausgewirkt, daß diejenigen, die stärker, geschickter, fleißiger und findiger waren, die mehr und schneller arbeiten konnten, den anderen überlegen waren. Unter der Wirkung des natürlichen menschlichen Machtstrebens bildeten sich allmählich Klassenunterschiede heraus, so daß schließlich die «Erfolgreichen», die «mehr zu sagen hatten» als die anderen, auch mehr Rechte beanspruchten, zu den «Privilegierten» gehörten. Dabei führte die Spezialisierung der Arbeit dazu, daß der einzelne nicht mehr nur für seinen unmittelbaren Bedarf arbeitete, sondern «produzierte» in der Erwartung, Käufer für seine Erzeugnisse zu finden. Dieser Prozeß der differenzierenden Arbeitsteilung setzt sich nun unaufhaltsam weiter fort; mehr noch: er scheint sich mit immer größerer *Beschleunigung* fortzusetzen, und immer häufiger wird in der öffentlichen Diskussion die Frage laut, wohin dieser Prozeß führen soll und wie lange er sich fortsetzen läßt. Denn bei diesem Wirtschaftsprozeß kommt es ja immer darauf an, daß das Verhältnis von Angebot und Nachfrage einigermaßen ausgeglichen ist. In Kriegs- und Nachkriegszeiten ist das geringe Angebot die Sorge der verantwortlichen Politiker; heute sorgt man sich um die zu geringe Nachfrage – die Überproduktion führt zu Absatzkrisen.

6,27. Mit dem Begriff «Arbeit» ist der Begriff «Leistung» eng verbunden. Wir können sagen, daß Leistung das Ergebnis einer bestimmten Arbeit ist.

Eine Leistung wird «gefordert» – von wem gefordert? Auf diese Frage könnte man nur mit einer Kulturgeschichte des Menschen zureichend antworten.

Schon beim primitiven Menschen verlangt die planmäßige Beschaffung des Lebensunterhaltes und einer Wohnstätte bestimmte Leistungen von Sammlern, Jägern und Ackerbauern. Erst die Arbeitsteilung, die Leistungen für andere verlangt, kann dazu führen, daß der arbeitende Mensch den Sinn dieser seiner speziellen Leistung nicht mehr unmittelbar einsieht. Man sagt dann, er sei seiner Arbeit entfremdet.

Wenn man hinzunimmt, daß dieser «Arbeitnehmer» darauf angewiesen ist, durch seine Arbeit seinen Lebensunterhalt zu beschaffen, und diese Zwangslage von einem «Arbeitgeber» ausgenützt wird, dann ist das ohne Zweifel «Ausbeutung».

Nun ist zwar verständlich, daß im heutigen Arbeitskampf das Wort «Ausbeutung» eine große Rolle spielt. Wenn aber in ernsthaften philosophischen Erörterungen behauptet wird, jede Arbeit sei Ausbeutung, so werden wir das doch wohl als törichte Übertreibung zurückweisen müssen. Denn wer sollte wen ausbeuten, wenn ich mir selber ein Ziel setze und auf dieses Ziel hin eine Arbeit auf mich nehme? Wer beutet einen Maler aus, wer einen Dichter oder einen Forscher, die an ihrem Werk arbeiten und Leistungen vollbringen, die sie sich selber «abfordern»?

Es wird also wohl darauf ankommen, daß wir uns den Sinn unserer Arbeit nicht entwerten und uns die Freude an unserer Leistung nicht verderben lassen durch Theorien, deren Aufkommen im Zeitalter der gesteigerten Arbeitsteilung und Lohnarbeit man verstehen kann, die aber den Sinn des persönlichen Lebens entstellen und das Klima des Zusammenlebens in unserer Industriegesellschaft vergiften können.

6,28. Das natürliche Erfolgsstreben des Menschen und die Freude an leicht erworbenem Gewinn haben den Wettbewerb in einem Maße gesteigert, daß man dem Verhaltensforscher Konrad Lorenz zustimmen muß, wenn er von einer «mitleidslosen Konkurrenz» spricht. Dieser Wettbewerb führt auch dazu, daß in dem Produktionsprozeß immer mehr Maschinen verwendet werden, die schneller und zuverlässiger die Arbeit des Menschen ausführen und ihn damit von seinem Arbeitsplatz verdrängen.

Vielleicht ist aber eine andere Wirkung der Maschine noch entscheidender: Wenn ein Arbeiter ein Werkstück mit der Hand und seinem Werkzeug bearbeitet, kann er seine Kraft, seinen Fleiß und seine Geschicklichkeit einsetzen und sich durch den Erfolg seiner Anstrengung bestätigt fühlen. Je mehr ihm aber die Maschine die eigentliche Arbeit abnimmt, auf deren Qualität er nun kaum noch Einfluß hat, um so größer ist die Gefahr, daß sich sein Interesse an seiner Arbeit abstumpft. Es kommt hinzu, daß in einem modernen Großbetrieb mit seinen zerstückelten Arbeitsgängen dem einzelnen Arbeiter der eigentliche Sinn seiner Arbeit immer weniger erkennbar wird und er sich schließlich nur noch als ein Maschinenteil vorkommen muß. Das gilt noch weit mehr da, wo der Fertigungsprozeß derart spezialisiert und zerteilt ist, daß der einzelne Arbeiter sich dem Rhythmus des Fließbandes anpassen und ununterbrochen den gleichen Handgriff ausführen muß.

Wenn schon vor mehr als 180 Jahren von Friedrich Schiller beklagt wurde, daß die einzelnen Individuen infolge der Spezialisierung der Arbeit nur noch «Bruchstücke des ganzen Menschen» sind, so verstehen wir, was in der heutigen Theorie der Arbeit mit «Entfremdung» gemeint ist. Für den Arbeiter ist das Produkt seiner Arbeit nicht mehr «sein» Werk, nicht mehr das Erzeugnis des schöpferischen Einsatzes seiner Fähigkeiten, nicht mehr die volle Erfüllung und Bestätigung seines Menschseins. So wird die Arbeit leicht als Fron empfunden, zu der man gezwungen ist, um sein Leben zu erhalten, somit als «Ausbeutung» der menschlichen Arbeitskraft.

Es versteht sich von selbst, daß dieser Prozeß der Entfremdung nicht immer mit voller Schärfe von den Menschen empfunden wird,daß er aber andrerseits durchaus nicht auf die Industrieproduktion beschränkt ist, sondern ebenso in Wirtschaft und Verwaltung das Verhältnis des Menschen zu seiner Arbeit bestimmt, wenn diese nicht so sehr nach der Leistung, sondern im wesentlichen nach «abgeleisteten» Dienststunden gewertet und bezahlt wird.

6,29. Aber die Menschen sind fasziniert von dem Fortschritt der Technik, der ihnen immer mehr Bequemlichkeiten und vielen einen ungeahnten, mühelosen Reichtum verschafft. Jedoch, was da eigentlich vorgeht, welche Energien zu diesem stürmischen Aufschwung führen, weiß niemand genau zu sagen. Man rechnet – als ob es selbstverständlich wäre – mit einem ständigen wirtschaftlichen Aufstieg und ist entsetzt, wenn die steil aufsteigende Linie mit einemmal umbricht oder auch nur einen geringen Rückschlag anzeigt.

Der tiefere Grund dafür, daß die Technik und der unaufhaltsame Fortschritt als etwas Unheimliches, Dämonisches empfunden werden, liegt wohl daran, daß kein Ziel erkennbar ist, auf das diese Entwicklung hinführt und das den Sinn dieses Vorganges, die Richtung seines Weges und sein Tempo bestimmen könnte. Es ist, als ob der technische Fortschritt Herr über den Menschen geworden wäre, der vorwärts getrieben wird, ob er will oder nicht, ohne Rücksicht auf Wirkungen, die nicht beabsichtigt sind und vielleicht für den Menschen und sein Verhältnis zur Natur, für seine Existenz verhängnisvoll werden könnten. Tatsache ist, daß der Mensch immer größere Ansprüche an die Technik stellt, dabei aber selber von ihr immer abhängiger und stärker beansprucht wird.

Der Erfinder fragt ja nicht, welche Folgen etwa aus seiner gelungenen Erfindung zu befürchten sind. Es würde auch nichts nützen, die Forschungsarbeit an diesem Punkt abzubrechen, wo sie zu einer Gefährdung des Menschen zu werden droht; denn wenn eine Erfindung im Zuge der wissenschaftlichen Forschung ansteht, sozusagen in greifbare Nähe gerückt ist, wird sie gemacht, wenn nicht von dem einen, dann von einem anderen. Dafür sorgt schon der geistige Wettlauf der Menschen und der Neid auf die Erfolge des anderen.

Dieser unaufhaltsame Fortschritt der Technik hat noch eine andere Wirkung: Zweifellos bahnt sich mit Hilfe der Technik eine Entwicklung in der Richtung an, daß die Trennung und die Gegensätze der Staaten, Nationen und Kulturkreise durch den Austausch von Ideen, wissenschaftlichen und technischen Errungenschaften immer mehr überbrückt werden. Schon längst hat man festgestellt, daß durch die modernen Verkehrsmittel und den Nachrichtendienst, für den Raum und Zeit kein Hindernis mehr sind, die Welt «kleiner geworden» ist, und sie wird mit zunehmender Beschleunigung weiter zusammenwachsen. (Welche Faktoren in der gleichen Richtung wirken, wird später zu behandeln sein.) Voraussetzung ist, daß die bei diesem Prozeß auftretenden Spannungen und Kämpfe nicht zu einem dritten Weltkrieg führen, der solche Verwüstungen anrichten würde, daß über den weiteren Verlauf der Menschheitsgeschichte überhaupt nichts auszusagen oder auch nur auszudenken ist.

6,30. Massengesellschaft, Technisierung und Industrialisierung sind offenbar im gegenwärtigen Zeitalter die Ursachen, die zu tiefgreifenden Veränderungen in der Gesellschaftsordnung führen.

In der öffentlichen Kritik über diesen Fragenkreis kommen vorwiegend diejenigen zu Wort, die einen Verfall der Kultur, einen «Verlust der Mitte» des Menschseins befürchten.

Mit die augenfälligste Veränderung, die aus der Industrialisierung hervorgeht, ist die Abwanderung vom Lande in die Stadt: Für viele bedeutet die «geregelte Arbeitszeit» in der Industrie eine erwünschte Befreiung von der «Last des Tages» auf dem Acker und im Stall. Diese Wanderbewegung hat aber zu tiefgehenden Veränderungen des Lebensgefühls geführt, die man als «Verstädterung» bezeichnet. Was hiermit gemeint ist, wird deutlich, wenn wir etwa den «Zusammenhalt» der Mieter eines städtischen Hochhauses mit dem einer Dorfgemeinde vergleichen. Gewachsene nachbarschaftliche Beziehungen und ihre mitmenschlichen Bindungen werden abgebrochen und durch unpersönliche Organisationsformen ersetzt. Schließlich ist es ganz folgerichtig, wenn der einzelne nur noch als eine Nummer in einem riesigen Ziffernsystem geführt, dann in einen Computer eingegeben und unter den verschiedensten Gesichtspunkten der Verwaltung «verarbeitet» wird.

«Entpersönlichung», «Vermassung» – das sind die Begriffe, die diesen gesellschaftlichen Wandel von der Gemeinschaft zur Organisation bezeichnen. Man könnte auch von einer technisierten Lebensform sprechen; denn in Wirklichkeit werden die menschlichen Beziehungen immer mehr von Einrichtungen gesteuert, bei denen der einzelne Mitarbeiter wie der Mann an der Maschine seine Arbeit verrichtet, stundenweise und ohne Freude an einem durch Einsatz des ganzen Menschen geschaffenen Werk.

Sicher, die Verwaltung, die Fürsorge verlangen immer modernere, leistungsfähigere Einrichtungen und vor allem Arbeitskräfte, die mit diesem Apparat umzugehen verstehen. Indem nun dieser Verwaltungsapparat Machtbefugnisse ausübt, entsteht dann das, was man «Bürokratie» nennt.

Aber gerechterweise muß man zugeben, daß durch Organisation und Gesetzgebung die soziale Fürsorge wirksamer wird und der einzelne sich durch sie geborgen fühlen kann, da er nicht auf den guten Willen des anderen angewiesen ist. Denn im Zuge der wachsenden Vereinzelung hat sich zweifellos das Gefühl der persönlichen Verantwortung, der moralischen Verpflichtung von Mensch zu Mensch abgestumpft. Auch unser Verhältnis zur Umwelt hat sich gewandelt. Fühlte sich der Mensch früherer Zeiten «mit dem Boden verwurzelt», so kann auf dem städtischen Straßenpflaster dieses Gefühl nicht aufkommen, und das Wort «Heimat» verliert für denjenigen, der mit der

Abwanderung in die Stadt den Bodenbesitz aufgegeben hat, viel von dem Gefühlswert, wie er etwa noch in Volksliedern zum Ausdruck kommt.

6,31. In den Diskussionen der Gegenwart spielt der Begriff «Emanzipation» eine große Rolle. Er bedeutet etwa «Entlassung aus einer (z.B. der väterlichen) Gewalt», «Befreiung aus einem Abhängigkeitsverhältnis». In diesem Begriff ist also die Forderung nach persönlicher Freiheit eingefangen.

Auch dieser Begriff bezeichnet zunächst eine Idee. Bei der unendlichen Vielfalt der menschlichen Meinungen, Wünsche und Forderungen in immer neuen, unerwarteten Situationen kann aus einem solchen Idealbegriff unmöglich mit Sicherheit abgeleitet werden, was in jedem Fall persönliche Freiheit ist, wieweit sie reicht, wann und wodurch sie bedroht ist und geschützt oder verteidigt werden muß.

Was kann also geschehen, damit der einzelne in jeder Situation wissen kann, wie er sich entscheiden sollte, um einerseits seine persönliche Freiheit zu wahren, andrerseits ihrer Beschränkung durch den Freiheitsanspruch des anderen zuzustimmen?

Jede Vereinigung von Menschen braucht bestimmte Grundsätze, in denen festgelegt ist, in welchen Formen, nach welchen Normen ihre Mitglieder ihr Zusammenleben gestalten wollen. In kleinen Gruppen werden wenige und einfache Regeln genügen; je größer und vielgestaltiger aber ein solcher Gemeinschaftsverband ist, um so mehr muß das Verhalten der einzelnen, ihre Rechte und Pflichten in den verschiedenen Situationen geregelt werden: in privaten Vereinigungen wird eine Satzung beschlossen, im Staatsverband eine Rechtssatzung erlassen.

Aber wie kommt eine solche Rechtssatzung zustande? Nach welchen Grundsätzen (Prinzipien) wird sie gestaltet, und von wem und mit welchen Mitteln soll sie in Geltung gesetzt werden?

Zwei Auffassungen stehen sich hier gegenüber: Die eine geht davon aus, daß in der Natur des Menschen, in seinem Wesen oder in seiner Vernunft ein ursprüngliches Bewußtsein von «gut und böse» und ein Bedürfnis nach Gerechtigkeit vorhanden ist. Aus dieser Quelle entwickeln sich für das Zusammenleben mit den anderen die Bestimmungen und Regeln, die schließlich als «Recht» allgemeine Geltung beanspruchen. Das ist die Auffassung der «Naturrechtslehre».

Ihr steht der «Rechtspositivismus» gegenüber: Er nimmt an, daß von demjenigen oder derjenigen Gruppe oder «Klasse», die an der

Macht ist, die Regeln für das Verhalten des einzelnen im Gesellschaftsverband festgelegt werden und nun als «positives» Recht allgemeine Anerkennung beanspruchen.

«Menschenrechte» sind dann solche Rechte, die jedem Menschen, lediglich auf Grund seines «Menschseins», zustehen: die Unverletzlichkeit der Person, grundsätzliche Freiheit und Gleichheit und das Recht auf freie Meinungsäußerung und auf Eigentum.

6,32. Da überall Menschen mit verschiedener Erbmasse und Begabung, unterschiedlichem Tätigkeitsdrang und Geltungsstreben zusammenleben, werden auch die Auffassungen über die Grenzen individueller Freiheit immer verschieden sein. Es wird also – wie im Tierreich – zu Auseinandersetzungen kommen, wenn der einzelne seine Freiheitszone durch den anderen allzu sehr eingeschränkt glaubt. Da nun die Gesellschaft daran interessiert ist, daß dergleichen Konflikte nicht mit Gewalt ausgetragen werden, müssen sich die Menschen darüber verständigen, welche Grundsätze, Regeln und Verhaltensweisen gelten sollen, damit in jedem Fall Konflikte mit friedlichen Mitteln ausgetragen werden können. Fehlte eine solche Vereinbarung oder würde sie durch Aufruhr oder eine Revolution außer Kraft gesetzt, wäre ein «Krieg aller gegen alle» die Folge.

Für das Zusammenleben der Menschen sind also Ordnungssysteme nötig, die die individuelle Willkür einschränken und ein organisiertes Zusammenwirken in immer komplizierteren Beziehungen möglich machen. Aber obwohl das moderne Leben bereits durch ein ganzes Netz von gewohnheitsmäßig ablaufenden Verhaltensformen genormt ist, merkt der einzelne doch nur selten, mit welcher Selbstverständlichkeit er die dabei geltenden Regeln befolgt. Nun wiederholen sich in dieser Gesellschaft, in der jeder soweit als möglich von seiner Freiheit Gebrauch machen möchte, seine Interessen wahren und sich gegen ihre Verletzung wehren will, Konflikte in der gleichen oder ähnlichen Form. Damit jeder, der an einem solchen (auch nur möglichen) Konflikt beteiligt ist, von vornherein weiß, ob er «im Recht» ist oder nicht, müssen solche Konfliktsfälle in allgemein verständlicher Form dargestellt werden, wobei das «richtige», d.h. der Gesellschaftsordnung entsprechende Verhalten aller Beteiligten auf Grund der «Rechtslage» eindeutig festgelegt ist, d.h. es muß ein «Gesetzbuch geben».

In diesen einfachen Denkschritten läßt sich einsehen und begründen, welches die Funktion einer «Rechtssatzung» ist. Wer aber setzt diese Ordnung? Wer sorgt dafür, daß sie beachtet und nicht verletzt wird? Wer ahndet Verstöße gegen sie?

6,33. Hier stoßen wir auf einen einfachen Begriff, der völlig eindeutig zu sein scheint, in Wirklichkeit aber eines der schwersten Probleme im Zusammenleben der Menschen aufwirft: den Begriff Macht.

Aus den bisherigen Überlegungen ist deutlich geworden, daß es infolge der unendlichen Vielfalt der menschlichen Wünsche, Strebungen, Willensäußerungen selbst in den kleinsten Verhältnissen des täglichen Lebens zu Spannungen, zu Auseinandersetzungen kommen muß, die gesteuert und oft verschärft werden durch das Bestreben, Recht zu behalten, den anderen zur Zustimmung, zur Anerkennung der eigenen Meinung, zum Nachgeben zu zwingen, sich selber Geltung zu verschaffen und dem anderen die eigene Überlegenheit zu beweisen, «Vorrechte» zu verlangen.

Überhaupt sieht sich der einzelne überall in ein Verhältnis von Über- und Unterordnung, von Anordnung und Ausführung, von Führung und Gefolgschaft, also in eine Gesellschaft versetzt, die in vielfacher Hinsicht eine Gliederung (Struktur) aufweist, deren stufenförmiges System nur durch Machtausübung funktionieren kann. Es scheint, daß die in diesem System liegende Ungleichheit der Menschen überhaupt erst das Leben einer Gesellschaft möglich macht. Man kann sich denken, daß eine völlig ungegliederte Gesellschaft, in der eine absolute Gleichheit aller herrscht, gar kein Leben entwickeln könnte, da jeder Anreiz, tätig zu werden, fehlen würde.

Nun haben wir hier von einer bestimmten Art von Macht gesprochen, die man genauer als «Vollmacht» bezeichnen könnte; denn es handelt sich um eine Machtausübung, die nicht nur berechtigt, sondern angeordnet ist dadurch, daß der Betreffende in ein Amt berufen worden ist, bei dessen Ausübung er Macht entfalten muß.

Das leitet über zu der Frage: In welcher Weise wird überhaupt Macht ausgeübt? Man ist versucht, zu unterscheiden, ob es sich um eine gesetzmäßige (legitime) Machtausübung handelt, also um die «Vollmacht» einer behördlichen «Instanz», oder um eine illegitime, eine ungesetzliche, unerlaubte Macht.

Wer durch sein öffentliches Ansehen, seine Zuverlässigkeit, seinen guten Ruf oder durch das, was man persönliche Ausstrahlung (Charisma) nennt, eine Macht auf andere ausübt, oder wer über ein besonderes Fachwissen verfügt («Wissen ist Macht»), das er in seiner Berufsausübung beweisen kann, wird leicht auch außerhalb der betreffenden Berufstätigkeit besonders geachtet sein.

Bedenklich wird es, wenn jemand durch seinen Reichtum, durch «Beziehungen», durch ein fragwürdig erworbenes Prestige zu Macht kommt. Diejenige Macht jedoch, die durch Werbung und Propaganda, durch gezielte Manipulation (in vielerlei Formen) ausgeübt wird, empfinden wir wohl als verwerflich; gleichwohl leben wir mit ihr und machen uns in gewissem Sinne von ihr abhängig.

6,34. Die eigentliche Problematik, die in dem Begriff «Macht» steckt, wird aber erst im Bereich der Politik sichtbar. Um hier zu einer möglichst klaren Einsicht zu kommen, müssen wir sagen, was «Politik» ist. Häufig wird überhaupt die Ansicht vertreten, Politik sei nichts anderes als Kampf um die Macht.

Zunächst: Das Wort Politik ist griechischen Ursprungs; es umgreift alles Nachdenken über das Zusammenleben der Menschen in einer Stadtgemeinschaft (pólis) und über die dafür notwendigen Formen und Normen des Verhaltens der einzelnen Bürger und Gruppierungen. Im deutschen Sprachgebrauch bedeutet Politik zunächst eigentlich dasselbe, nur daß es sich nicht um ein einzelnes Stadtwesen handelt, sondern um Gesellschaftsgebilde anderer Größenordnung, in letzter Linie um den «Staat». Aber sowohl in Griechenland wie auch heute kommt immer hinzu die Gestaltung der Beziehungen zu den anderen Städten (Staaten) zum Zweck der Erhaltung oder Herstellung normaler, friedlicher Beziehungen.

Daß hier immer Macht im Spiele ist, versteht sich von selbst, und so gilt alles, was von «privater» Machtsphäre gesagt wurde, zunächst auch hier, nur daß jetzt die Machtmittel, die eingesetzt werden müssen, eindrucksvoller, drastischer erscheinen, weil sie ja von vornherein auf größere Wirkung angelegt sein müssen.

Wenn Gegenkräfte als Machtzusammenballung – etwa bei großen Konzernen oder bei gewissen Interessenverbänden – der legitimen Macht entgegentreten, besteht die Gefahr, daß die Staatsmacht geschwächt oder gar funktionsunfähig gemacht wird. Aber auch in der Politik gilt die grundsätzliche Forderung, daß Macht vor allem auf ein friedliches Zusammenleben der Staaten angelegt sein muß und daß das stärkste Machtmittel, der Krieg, wirklich die «ultima ratio» (das «äußerste Mittel») sein müßte, um einen gerechten politischen Willen durchzusetzen.

Der Politiker erstrebt also Macht, teils als Mittel zur Durchsetzung politischer Ziele, aber auch um ihrer selbst willen, da der Staat, für dessen Gedeihen er verantwortlich ist – wie der einzelne Mensch dem anderen gegenüber –, nur dann von den anderen geachtet wird und unbehelligt bleibt, wenn er Macht glaubhaft demonstriert.

Also auch im politischen Bereich ist Macht nicht absolut und von vornherein «böse»; jedoch muß man zugeben, daß die «Dämonie der Macht» hier infolge der gewaltigen Ausweitung und der Zusammenballung der Kräfte katastrophale Folgen haben kann. Die Weltgeschichte ist reich an Beispielen, die zeigen, wie ein Herrscher, durch seine Siege aufgereizt, seine Machtgier nicht mehr zügeln kann und sinnlos sogar seine eigenen Untertanen opfert, nur um seine Macht zu genießen.

Solche extremen Fälle haben wohl dazu geführt, Politik und Moral als absolute Gegensätze zu sehen. In der Tat scheint es, als sei es für einen Politiker überhaupt unmöglich, sittliche Maßstäbe gelten zu lassen. Jedoch auch in der Politik gilt der Satz, daß die Selbsterhaltung für ein Volk und sein Staatsgebilde das oberste, unbestreitbare Recht ist. Wenn es keine Instanz gibt, die einem Volk, das in der Gefahr ist, vernichtet zu werden, sein Lebensrecht verschaffen kann, dann wird für denjenigen, der für sein Volk die Verantwortung trägt, eben «jedes Mittel recht» sein, auch wenn es moralisch ein Unrecht ist. So wird man einsehen müssen, daß die äußerst verwickelten Beziehungen der in Staaten zusammenlebenden Menschen nicht mit so einfachen Begriffen und Grundsätzen wie Recht und Unrecht, gut und böse bewältigt werden können und daß ein solcher Konflikt in der Brust des Letztverantwortlichen ausgetragen werden muß. Das wird noch deutlicher, wenn wir bedenken, daß jeder Soldat im Felde in demselben Gewissenskonflikt steht, wenn das seine Pflicht wird, was sonst als das größte Verbrechen gilt: einen Menschen zu töten.

Als Ergebnis dieser Überlegungen läßt sich der Begriff «Politik» etwa so definieren: Politik im allgemeinsten Sinn ist die Kunst, das Zusammenspiel aller Faktoren des Geschehens so weit zu durchschauen und in Rechnung zu stellen, daß man unter möglichster Schonung menschlicher Interessen die für das gewünschte Ziel richtige Entscheidung trifft.

6,35. Bevor wir nun dazu übergehen, die Großformen des menschlichen Zusammenlebens zum Gegenstand unseres Philosophierens zu machen, müssen wir uns darüber klar sein, daß es hier kaum möglich ist, zwischen Politikwissenschaft und politischer Philosophie eine scharfe Grenze zu ziehen. Zum mindesten aber werden Funktion und Aufgabe des Staates, die daraus folgende Problematik der besten Staatsform und die Verantwortung der Politiker als Themen einer politischen Philosophie gelten können.

Im Bewußtsein unseres Kulturkreises gilt der «Staat» als diejenige Großform, in der sich das Zusammenleben der Menschen abspielen sollte. Zum Unterschied von einem «Reich», in dem der einzelne als Untertan an der Machtausübung nicht beteiligt ist, kann sich der «Staatsbürger» für das Gedeihen des Zusammenlebens persönlich einsetzen und sich mit verantwortlich fühlen.

Im Staat ist die persönliche Freiheit des einzelnen in wesentlichen Bereichen «aufgehoben», d.h. sie ist dem Staat anvertraut, dafür aber im Individuum ausgeschaltet, so daß jetzt der Staat die Verantwortung für den Schutz der persönlichen Freiheit übernimmt, d.h. dafür sorgt, daß die Rechte des einzelnen geschützt werden, sowohl die durch Rechtsordnung verbrieften, als auch die durch die Verfassung garantierten.

Ein philosophisches Problem liegt in der Frage, ob der Staat auch die Aufgabe hat, nicht nur für ein rechtmäßiges, sondern auch für ein moralisches Verhalten der Bürger zu sorgen. Zweifellos hat der Staat ein Interesse an einem menschenwürdigen Verhalten seiner Bürger, schon deshalb, weil die Form des Zusammenlebens letztlich von jedem einzelnen abhängt. Aber die Beschränkung der persönlichen Freiheit wäre zu groß, wenn der Staat auch die Aufgabe hätte, mit seinen Mitteln die Versittlichung und Veredelung der Bürger zu erzwingen; er kann und soll durch das Gesetz lediglich die Voraussetzungen dafür schaffen, daß Wahrheit und Recht, Sittlichkeit und Kultur sich entfalten und für das Zusammenleben bestimmend werden können.

Eine Beschränkung der persönlichen Freiheit und der freien Verfügung über das Eigentum durch den Staat ist dann geboten, wenn dieser Aufgaben für die Allgemeinheit nicht ohne Zuhilfenahme privater Mittel erfüllen kann oder wenn von privatem Eigentum ein Gebrauch gemacht wird, der der Allgemeinheit Schaden bringt.

6,36. Wie kommt ein solches Ordnungssystem zustande? Wie kann es sich Anerkennung und Geltung verschaffen und sich gegen die zu erwartenden Widerstände durchsetzen?

Auf diese Fragen gibt es zunächst eine einfache Antwort: Es muß eine Macht vorhanden sein, die groß genug ist, um das Recht zu schützen. Das Ideal wäre ein Volkswille, der so ausgeprägt wäre, daß alle derselben Meinung, desselben «guten Willens» oder wenigstens bereit wären, alle Streitfälle gütlich zu lösen. Aber die moderne Industriegesellschaft ist keine «Gemeinschaft» (vgl. 4,18), und wenn die individuellen Interessen hart aufeinander stoßen, können sie schließlich nur durch eine von außen kommende Macht im Zaume gehalten werden. Glücklicherweise werden im Alltag wie im Wirtschaftsleben die meisten Streitfälle (die als solche dann gar nicht auffallen) auf gütlichem Wege entschieden, indem beide Partner so weit nachgeben, daß eine Einigung möglich ist; diese Lösung – ein Kompromiß – bestimmt weithin das Verhalten der Menschen in einem zivilisierten Staat.

Die Staatsmacht ihrerseits wirkt sich in drei Phasen aus:

1. für die häufigsten und entscheidenden Interessenkonflikte wird von ihr festgesetzt, was «rechtens» ist, was als «gerecht» gelten soll (die «gesetzgebende Gewalt»);
2. es wird eine Einrichtung geschaffen, deren Aufgabe es ist, in Zweifelsfällen zu entscheiden, wie diese Rechtssatzung im einzelnen auszulegen und anzuwenden ist (die «rechtsprechende Gewalt»);
3. es ist eine weitere Einrichtung nötig, die dafür zu sorgen hat, daß die durch die Rechtssatzung und ihre Auslegung getroffene Entscheidung tatsächlich ausgeführt wird (die «vollziehende Gewalt»).

Die entsprechenden Staatsorgane sind: 1. das Parlament, 2. die Rechtsprechung, 3. die Regierung und die Verwaltung.

Es ist nun die Frage, in welchem Verhältnis diese drei «Gewalten» zueinander stehen sollen, ob sie in einer Hand liegen oder voneinander unabhängig sein sollen. Im ersteren Fall liegt die Herrschaft bei einem einzelnen «Machthaber» (z.B. bei einem Monarchen, einem Diktator oder einer kleinen Gruppe Gleichgesinnter), wobei es keine Berufung gegen diese «zentralistischen» Entscheidungen gibt. Im anderen Fall findet eine «Gewaltenteilung» statt, deren Sinn es ist, ein «Gleichgewicht der Kräfte» herzustellen und ein übermäßiges Anwachsen der Staatsmacht zu verhindern. Nach diesem allgemeinen Prinzip sind die Verfassungen der modernen zivilisierten Staaten gestaltet, während sie im einzelnen stark voneinander abweichen und sich auch wandeln.

6,37. Von diesen drei Gewalten erscheinen die beiden ersten am besten «institutionalisiert», d.h. durch entsprechende Einrichtungen geordnet: Die Grundlage für das Recht, das Gesetz, wird durch den Volkswillen (vertreten durch das Parlament) geschaffen und ist damit «gültig». Seine Auslegung und Anwendung verläuft in dem festgefügten Rahmen der Rechtsprechung. So können beide Funktionen zusammen zu endgültigen Entscheidungen führen.

Anders steht es mit der ausübenden Gewalt. Soweit es sich um die Verwaltung handelt, kann man im ganzen noch von einem System sprechen, in dem Entscheidungen nach festliegenden (gesetzlichen) Bestimmungen erfolgen und – wenigstens theoretisch – kontrollierbar sind. Aber zur ausübenden Gewalt gehört vor allem das, was als «Regierung» bezeichnet wird. Sie ist gewissermaßen das Zentrum, in dem alle Fäden des öffentlichen Lebens und aller staatlichen Aufgaben in letzter Instanz zusammenlaufen, wodurch ihr die Aufgabe zufällt, zwischen diesen unübersehbar verschiedenen und vielfach einander widerstrebenden Interessen des gesamten öffentlichen Lebens einen Ausgleich herbeizuführen, um ein friedliches Zusammenleben innerhalb des Staatskörpers zu ermöglichen.

Nun sind aber die Verhältnisse niemals völlig stabil, vielmehr wandeln sie sich mehr oder weniger rasch. Zudem muß bei allen Entscheidungen die zunehmende Verflechtung mit den ebenfalls sich wandelnden Verhältnissen der übrigen Welt mit in Betracht gezogen werden. Es ist deshalb unmöglich, dem für die Regierung letztlich veranwortlichen Politiker Grundsätze vorzuschreiben, an die er sich halten und aus denen er eine Entschuldigung für Mißerfolge ableiten könnte. Dabei ist die Pflicht, «das Staatswohl zu fördern», ein selbstverständlicher moralischer Grundsatz, aus dem im einzelnen Fall nur sehr selten ein Urteil abgeleitet werden kann, ob eine bestimmte Maßnahme, eine Entscheidung politisch richtig und vertretbar war oder nicht. Dieses dem politischen Handeln zugrunde liegende Prinzip hat man mit dem Begriff «Verantwortungsethik» bezeichnet, während das Prinzip des moralischen Handelns «Gesinnungsethik» genannt wird. Das bedeutet, daß eine Handlung als moralisch nach dem Beweggrund beurteilt wird, der *vor* der Handlung liegt (also in der Gesinnung); ob aber eine politische Entscheidung richtig oder falsch ist, entscheidet der Erfolg, also erst die in der *Zukunft* liegenden Folgen. Jedoch läßt sich eine scharfe Grenze zwischen diesen Prinzipien nicht ziehen, da die im politischen Leben auftretenden Situationen viel zu verwickelt sind, als daß die in ihnen getroffenen Entscheidungen eindeutig nach diesem oder jenem Prinzip beurteilt werden könnten.

6,38. Wie lassen sich also Grundsätze für das politische Handeln aufstellen? In welchen Formen soll das politische Leben verlaufen, damit für jeden einzelnen ein möglichst großer Freiheitsraum garantiert ist? Man könnte der Meinung sein, daß auch der Grundsatz der Gleichheit die Form unseres Zusammenlebens mitbestimmen müßte. Aber diese Forderung ist ja am besten in einer Diktatur erfüllt, nur daß hier eben die Gleichheit diktiert wird und dabei der Freiheitsraum für alle beliebig weit eingeschränkt werden kann. Dagegen hat der Grundsatz: «Jedem das Gleiche» insofern seine Berechtigung, als jedem die gleichen Möglichkeiten geboten werden müssen, was der Begriff «Chancengleichheit» besagen will. Wenn wir den Grundsatz: «Jedem das Seine» dagegensetzen, so wird damit gefordert, daß jeder die Freiheit haben muß, seine eigenen Kräfte, seine individuelle Eigenart zu entwickeln gemäß dem griechischen Wort: «Werde, der du bist!»

Entscheidend bleibt also der Grundsatz der Freiheit des einzelnen. Nun folgt aus dem schon (6,24) Gesagten, daß die Freiheitsansprüche so aufeinander abgestimmt sein müssen, daß ein gedeihliches Zusammenleben aller möglich ist. Wir stoßen hier wieder auf den Begriff eines «Ordnungsgefuges», das hierfür notwendig wird. Aber soll das ein starres System sein, in dem alle Vorgänge nach festgefügten Regeln und Vorschriften verlaufen, oder ist es ein Prozeß, eine Lebensform, in der das Zusammenleben der leitende Gesichtspunkt ist? Es ist klar, daß der Freiheitsraum für den einzelnen größer ist, wenn das zweite Prinzip gilt.

Da, wo der Staatsverband aus einem einheitlichen Gemeinwillen, einem «Konsensus», allmählich gewachsen ist (wie etwa in der Schweiz), wird er fast wie ein Organismus einen natürlichen Zusammenhalt haben. Wird dagegen in einem geschichtlichen Umbruch eine wesensfremde Staatsform einem Volkskörper aufgedrängt (wie etwa 1918 in Deutschland), so sind starke Abwehrkräfte von vornherein wahrscheinlich: Der neue Staat kann kaum gedeihen, er ist in seiner Existenz bedroht und fällt leicht neuen Erschütterungen zum Opfer.

Während also ein (kleiner) Staat mit einem gewachsenen Konsensus in einer (nach Volkscharakter, Empfindungs- und Reaktionsweise) homogenen Bevölkerung sich natürlicher Kraftreserven erfreut, braucht ein großer Staat mit sehr verschiedenen Bevölkerungsschichten eine Form, durch die der Konsensus künstlich hergestellt wird, andrerseits aber der einzelne von der Mitwirkung im Staat nicht ausgeschlossen ist: Indem er an der Auswahl derjenigen, die die Verantwortung tragen sollen, beteiligt ist, kann er das Bewußtsein haben, selber zu seinem Teil mitverantwortlich zu sein. Das ist die Idee der Demokratie, der «Volksherrschaft». Tatsächlich berufen sich fast alle Staaten der zivilisierten Welt mehr oder weniger deutlich auf das demokratische Prinzip und behaupten, es in ihrer Regierungsform verwirklicht zu haben.

Von echter Demokratie kann jedoch nur dann gesprochen werden, wenn die Bildung der Regierung durch eine wirkliche Wahl erfolgt, d.h. wenn der Wähler die Wahl zwischen mehreren Bewerbern hat, so daß er mit seiner Stimme einen tatsächlichen Einfluß auf die Zusammensetzung der Regierung ausüben kann. Wenn in den Volksdemokratien nur *ein* Bewerber auftritt, so steht er eben nicht «zur Wahl»; es handelt sich dann nicht um eine *Ab*stimmung, sondern um eine bloße *Zu*stimmung, um einen Akt ohne jeden politischen Sinn. Hier geht also keine Macht «vom Volke aus», vielmehr von denen, die vorweg schon die Macht in Händen haben.

Von den Kritikern der Demokratie wird gern von einer «Wahldemokratie» gesprochen. Man möchte damit den Eindruck erwecken, als seien mit einem Akt, der alle vier Jahre stattfindet, für den einzelnen die Möglichkeiten, politisch tätig zu werden, erschöpft. Wenn aber eine Demokratie mehr ist als diese Wahlprozedur, vielmehr ein lebendiger Prozeß, eben dieses Zusammenlebens, der immer an dem Gemeinwohl orientiert ist, dann ist dieser Wahlakt schließlich nur ein Rahmen, und der einzelne eben nicht nur Wähler. Damit fällt ihm die Aufgabe zu, mit Bewußtsein an diesem Prozeß des Zusammenlebens aktiv teilzunehmen und auf die ständig sich verändernden Lebensbedingungen zu reagieren in der Absicht, zu seinem Teil das Gemeinwohl zu fördern und Gefahren von ihm abzuwenden. Davon hängt viel ab, denn die öffentliche Meinung, von der der Regierende, der Politiker sich getragen fühlt, hat ja im letzten Grunde keine andere Quelle als die Meinung des einzelnen. Damit erfüllt sich der Sinn der Zugehörigkeit des einzelnen zu einer staatlichen Gemeinschaft und zugleich der Sinn einer echten Demokratie.

Namenregister

Sachwortregister

Erwin Lebek, geb. 26. Nov. 1891 in Grottkau/Schlesien. Humanistisches Gymnasium und Abitur (1911) in Neiße und Studium in Kiel, Freiburg, Berlin. 1919 Staatsexamen in Kiel: Philosophie, Griechisch, Latein, Türkisch. Studien-Referendar und Assessor in Frankfurt/M. 1928 Studienrat in Breslau am Johannes-Gymnasium und Lehrer am Studien-Seminar. 1945 in Bremen Begründer und Leiter des dortigen Studienseminars und von 1945–1950 Studienrat am «Alten Gymnasium», von 1950 bis zur Pensionierung 1958 Oberstudiendirektor an dieser Schule. 1949 wurde von ihm in Bremen die «Philosophische Gesellschaft» gegründet, deren Ehrenpräsident er später wurde. 1957 gründete er den «Verband zur Förderung der Philosophie am Deutschen Gymnasium», dessen Vorsitzender er war bis 1977. Dr. Erwin Lebek starb am 22. Februar 1981.